평생배움론

DEBATES ON LIFELONG ERUDITION

배움의 루틴

저자 | 김성길

책과 공간

평생배움논쟁: 배움의 루틴
Debates on Lifelong Erudition

인쇄일 · 2023년 2월 25일
발행일 · 2023년 2월 25일

지은이 · 김 성 길
펴낸이 · 김 채 진
펴낸곳 · 책과공간
주　　소 · 서울시 중구 을지로 191, 502호
전　　화 · 02-725-9371
팩　　스 · 02-725-9372
신　　고 · 제 1996-000228 호
정　　가 · 15,000원

저자와의 협의에 따라 인지를 생략합니다.

차례

- Prologue 5

1장 배움 본성론 11
- Ⅰ. 평생 배움론 / 13
- Ⅱ. 자기주도 배움론 / 37
- Ⅲ. 위기사회 배움론 / 49

2장 배움 인간론 63
- Ⅰ. 전인 배움론 / 65
- Ⅱ. 청소년 배움론 / 79
- Ⅲ. 어르신 배움론 / 93

3장 배움 인식론 101
- Ⅰ. 일상 배움론 / 103
- Ⅱ. 사교육 배움론 / 117
- Ⅲ. 미래학교 배움론 / 133

4장 배움 방법론 143
- Ⅰ. 生의 痂 배움론 / 145
- Ⅱ. 여가 배움론 / 150
- Ⅲ. 걷기 배움론 / 165

- Epilogue 179
- 참고문헌 183
- 미   주 199

▌Prologue

"배움을 모르는 사람은 없지만 막상 배움이 무엇인지, 배움이 인간에게 어떤 영향력을 갖는지에 대해서는 아무것도 아는 것이 없다. 그것은 어제 오늘 급조된 것이 아니다. 인간의 역사이며, 인간으로 하여금 살아가게 만든 숨겨진 힘이기도 하다."

- 한준상, <生의 痂: 배움>에서

1.

2023년 1월 30일! 3년만이다. 우리의 일상 속 마스크 규제가 조건부 해제되었다. 코로나 팬데믹으로 막혔던 일상의 답답함을 부분적으로나마 벗어던지게 되었다. 2020년 1월 20일, 국내 코로나19 환자가 처음 발생했고, 그해 3월 12일 세계보건기구(WHO)는 코로나 팬데믹(Covid-19 Pandemic)을 공식 선언했다. 그렇게 지난 3년간 코로나 팬데믹을 경험하면서 일상(日常)에 대한 관심이 높아졌다. 지루한 일상의 반복에 대한 탈출과 반복적 일상의 회복에 대한 희구가 반복적으로 이어졌다. 이미 다가온 포스트 코로나 시대에는 또 다른 반복된 일상으로부터의 탈출과 그러한 일상으로의 새로운 회귀가 계속해서 반복될 것이며, 이러한 루틴(routine) 속에서 인간의 배움은 지속될 것이다.

2.

루틴은 이중적인 이미지를 지닌다. 지루한 단순 반복이라는 부정적인 이미지와 함께, 성공과 완성을 위한 지속적 체화라는 긍정적인 이미지가 공존한다. 포스트 코로나 시대에 루틴에 관심 갖는 이유는 루틴이 각자 자신의 꿈꾸는 미래의 모습을 실현하기 위해 반복적으로 훈련하는 의도적인 행동 양식으로 자리 잡고 있기 때문이다.

루틴은 부정적 결과를 염두에 둔 징크스나 버릇이나 습관과는 궤를 달리하는 개념이다. 매일 반복하는 특정한 행동이 자신의 성공과 성취와 발전에 기여한다는 확신이 있기에 세칭 성공한 사람들은 자신만의 루틴을 가지고 있고 이를 유지하려고 노력한다. 사실, 하나의 루틴을 갖게 되기까지는 많은 시간의 인내와 기다림과 양보가 필요하다. 꾸준히 오래 지속한다는 것은 또 다른 즐거움에 대한 기회비용을 발생시키고, 지루함을 이겨내야 하는 용기도 있어야 하며, 삶의 우선순위 또한 재정리해야 하는 작업이다. 포스트 코로나 시대에 각자 자신만의 루틴을 갖기 위해서는 지속적인 배움의 용기가 요구된다.

3.
급속한 사회 환경 변화는 계속교육과 평생학습에 대한 요구를 증진시킨다. 과거에는 학교교육을 통해서 습득한 지식과 기술만으로도 충분히 사회생활을 할 수 있었다. 하지만, 이제는 어제의 지식과 기술로는 더 이상 내일을 기약할 수 없는 상황을 직면하게 되었다. 의학기술의 발달로 인한 기대 수명의 연장은 새로운 배움의 기대와 필요를 높이고 있다. '인생 이모작'을 넘어서 삼모작과 사모작까지 나오면서 퇴직 이후에 또 다른 삶살이를 구상하고 준비할 것을 요구하고 있다.

사회 환경 변화와 기대 수명 연장은 각 개인들로 하여금 지금껏 경험하고 활용했던 지식과 기술의 수준을 넘어서는 보다 더 창의적이고 유용한 지식과 기술을 습득하도록 요구하고 있다. 개인 수준의 준비로 그치는 것이 아니라 조직과 사회와 국가 수준에서의 지원과 서비스 체제 구축을 필요로 하는 작업이다. 왜냐하면 한 나라의 국가경쟁력은 결국 국민 개개인의 인적 자본(human capital)의 총합으로 나타나기 때문이다.

예를 들어, 국가가 평생학습을 진흥하기 위하여 평생학습계좌제를 구축한다거나 평생교육바우처나 학점은행제, K-MOOC를 실행하는 이유는 모든 국민들이 언제 어디서든지 자신이 원하는 내용을 접하고 익히고 체득할 수 있도록 도와주기 위한 노력이다.

4.
열린교육 평생학습 시대에는 배움의 목표에서부터 내용, 방법, 평가에 이르기까지 전 과정을 학습자 스스로가 계획하고 실행하고 평가하는 자기주도학습을 요구한다. 평생학습사회는 주어진 문제 상황을 해결해야 하는 수동적 문제해결사회라기보다는 오히려 발생 가능한 문제 상황을 예측하고 발견하여 해소하는 능동적 문제예견사회, 문제발굴사회라고 할 수 있다. 급속한 환경 변화 속도를 기존의 교육시스템으로는 더 이상 감당해 낼 수 없기에 교육의 주체들 스스로 문제 상황을 미리 구상하고 파악하여 원인을 분석하고 그 해결방안을 구안하도록 준비하고 예견해야 하는 것이다.

평생학습이 확대됨에 따라 가르치는 교수자들 스스로가 '먼저 배우기'를 즐겨하고 있다. 교수자 스스로가 '평생 배움의 삶을 사는 학생(學生)'임을 인식하고 있는 것이다. 인간은 기본적으로 스스로 배워나갈 수 있도록 태어났다. 그래서 모든 인간은 호모 에루디티오(Homo Eruditio), 즉 배움의 인간이다. 인간의 배움 과정이 산업사회에서는 학교와 학령기라는 시간과 공간의 제약 속에서 진행되었다면, 지식정보사회에서는 언제나 어디서나 자신이 원하는 그 무엇이든지 시공을 초월해서 자유롭게 접하고 익히고 만들어 낼 수 있게 되었다. 이제 시공간을 초월한 자유로운 배움의 장은 모든 이들의 삶살이 자체를 하나의 열린 공간으로 활용한다. 평생 배움이 확장되는 지금은 이미 열린교육 평생학습 시대다.

5.

평생 배움은 우리 모두 각자의 일상에서 살아 숨 쉬는 삶살이 자체다. 평생 배움은 배움의 본성을 타고난 모든 인간들, 즉, 호모 에루디티오들이 각자의 삶의 질을 높이고 자신의 꿈과 끼를 실현시켜 나가는 토대이며, 지역과 사회와 국가와 더불어 성장해 나갈 수 있는 통합의 기반인 것이다. 지식기반사회로의 전환은 국가적 차원의 준비와 계획을 가속화 시켰다. OECD 조사 결과에 따르면, 우리나라의 대외적인 국제 지위와 경제 수준에 비해서 국민 개개인의 행복지수는 높은 수준이 아니다. 국민의 행복을 이끄는 주요 요소인 평생학습참여율은 비록 매년 향상되고 있기는 하지만, 이 또한 선진국에 비하면 결코 높다고 할 수 없는 실정이다. 이에 교육부는 평생학습사회 구축이라는 세계적 추세에 부합하기 위하여 '누구나 누리는 맞춤형 평생학습 진흥'을 슬로건으로 '제5차 평생교육진흥 기본계획(2023-2027)'을 발표하였다. 이번 평생학습 진흥방안은 첫째, 대학의 역할을 전 국민 재교육 및 향상교육의 상시플랫폼으로 확대하고, 둘째, 지자체 중심의 대학, 기업 등과 지역 평생학습을 함께 진흥하여 지역 정주여건 개선, 국가균형발전, 지역 소멸 방지에 일조하며, 셋째, 30-50대를 생애도약기로 지정하고 학습상담컨설팅부터 학습콘텐츠까지 획기적으로 지원하는 한편, 평생학습휴가휴직제 도입을 검토하고, 넷째, 사회부총리가 총괄 조정하는 국가-지자체-민간 평생학습 협력체계 구축 등을 주요 내용으로 하고 있다.

6.

앞으로는 인생 이모작을 넘어 삼모작에서 사모작까지 해야 할는지 모른다. 기대수명이 늘어나면서 현재 40대의 경우 100세 이상 살아야 한다는 이야기가 먼 나라의 이야기가 아니다. 결국, 지금 현재를 충실하게 생활하는 것이 미래를 준비하는 방법이 될 수 있다. 그동안 살아온 과거가 곧 오늘 현재이고, 오늘의 결실들이 내일이 되고, 그렇게 쌓여진 하루하루의 삶살이가 바로 역사가 되는 것이다.

그런 의미에서, 배움은 기나긴 여정이며 하나의 도전이다. 뭔가 새로운 것을 접하고 익히고 만들어 내는 과정이 배움의 여정이다. 이런 배움의 첫 출발점은 바로 새로운 무언가를 '접하는 용기'에서 시작된다. ⟨Just do it⟩으로 대표되는 나이키(Nike) 광고 문구는 그래서 더욱 의미가 있다. 동시에 ⟨Nothing is impossible⟩을 표방하는 아디다스(Adidas) 광고 또한 우리네 인생살이에 부여하는 의미가 남다를 수밖에 없다.

태어남(birth)에서 죽음(death)에 이르기까지 길어진 인생 주기 속에서 힘겹고 고달프게 일할 것인가 즐겁고 재미나게 일할 것인가는 철저히 각자의 선택(choice)에 달려있다. 벤저민 프랭클린의 말을 빌리자면, "사람은 자신에게 일어나는 일들을 마음대로 할 수는 없지만, 자신의 내부에서 일어나는 일은 마음대로 할 수 있다." 공자(孔子) 또한 '知之者 不如好之者, 好之者 不如樂之者'라고 했다. 말하자면, '아는 사람은 좋아하는 사람만 못하고, 좋아하는 사람은 즐기는 사람만 못하다'는 말이다. 결국, 배운다는 것은 단순히 지식을 머릿속에 집어넣기에 급급한 사람보다는 배움 자체를 좋아하는 사람이 더 잘하고, 좋아하기만 하는 사람보다는 그것을 진정으로 즐기는 사람이 더 잘 배울 수 있는 것이다.

7.

이 책은 기나긴 배움의 여정 가운데 한 지점이라고 할 수 있다. 지난 수년간 이곳저곳 분산되어있던 글들을 찾아보고 모아보고 묶어보고 엮어보면서 만들어낸 고민의 중간결과다. 그래서 배움 여정의 한 지점이라고 말할 뿐, 정점이나 꼭지점이라고 할 수 없다. 이런저런 글들을 배움 본성론, 배움 인간론, 배움 인식론, 배움 방법론이라는 패러다임 영역으로 구분하여 엮었다. 영역을 구분하고 내용을 묶어보고 전체를 엮어보면서 쫀쫀함보다는 여백의 미를 추구했음을 밝힌다. 독자들의 가독성을 높이고자 단순한 개별 출처의 인용표기나 각주는 과감히 생략하였고, 미주를 통해 원자료의 출처를 포함해서 독자의 이해를 도울 수 있는 내용을 제시하였다. 물론 관련한 문헌들과 자료들은 참고문헌에 최대한 충실히 제공하고자 하였다.

이러한 배움의 여정 속에서 다양한 일상과 고민들을 하나로 모아서 한권의 저술로 만들어내는 데는 많은 이들의 도움이 있었다. 일일이 호명하지 못함을 송구스럽게 생각하며, 함께 소통했던 모든 이들에게 감사의 마음을 전한다. 또한, '이 저술은 2021년도 광운대학교 연구년 지원'에 힘입어 완성되었음을 밝힌다. 코로나 팬데믹 속에서 맞이했던 연구년 기간은 나름대로 과거를 되돌아보고 현재를 바라보고 미래를 내다보며 지금까지와 앞으로의 삶살이를 점검할 수 있는 소중한 시간이었다. 끝으로, 이 책이 세상의 빛을 볼 수 있도록 수고해 준 출판사 식구들에게 고마운 마음을 전하면서, 이 책을 접하는 모든 이들이 인간 존재에 대한 근본적인 이해의 확대와 함께, 평생 배움의 즐거운 여정에 동참하면서 배움을 알고 배움을 좋아하고 배움을 즐길 수 있기를 기대한다.

2023년 2월

한울관에서

1장 배움 본성론

Ⅰ. 평생 배움론
Ⅱ. 자기주도 배움론
Ⅲ. 위기사회 배움론

Ⅰ. 평생 배움론

1. 들어가며

호모 에루디티오(Homo Eruditio)로서 인간의 온전성과 불완전성은 인간이 배움의 존재임을 드러내주는 증거다. 온전히 태어난 인간에게 있어서 환경의 영향을 받은 결핍과 회복은 거듭해서 반복되는 루틴이다. 하지만, 이런 결핍과 회복 과정 이전에 이미 태생적으로 배워 내도록, 다시 말해서, 새로운 그 무엇인가를 '접하고 익히고 만들어 내도록' 타고났기에 스스로 배워 나간다. 인간에게 있어서 배움은 태생 이전의 조건이고 운명인 것이다.

가르침이나 학습은 태생적인 배움 그 다음에 오는 것이다. 가르침은 배움 본성을 유효적절하게 드러내도록 도와주는 부산물이다. 학습은 배움을 제대로 드러내도록 도와주는 수단이며 도구이다. 이렇듯 "배움학(the Science of Erudition)"은 가르침에 우선하는 배움, 타자와의 나눔과 의식소통을 추구하는 배움, 지속적으로 창조적 파괴를 시도하는 해체의 배움에 관해 연구하는 학문으로서, 열린교육 평생학습을 근원적이고도 실천적으로 펼쳐나가는데 필요한 새로운 관점을 제시해 주고 있다.

우리나라 국민들 중 성인들의 배움력은 형편없이 낮기만 하다. OECD가 발표하는 국가별 평생학습참여율을 보면 한국 성인들의 수준을 알 수 있다. 국가 차원의 투자와 노력에 힘입어 평생학습참여율이 상승하고는 있지만 아직도 OECD 회원국 평균에는 미치지 못하는 실정이다. 한국인의 높은 교육열에도 불구하고 이런 일이 가능한 이유 가운데 하나는 교육에 대한 국민들의 염증에서 찾을 수 있다. 교육과 학교를 같은 것으로 간주하는 것이 그것이고, 학교교육을 마치면 교육이 끝난다고 보는 오해도 그것에서 시작한다. 교육은 입시준비라고 간주해온 한국인들의 관행과 그 관행으로부터 배움에 대한 혐오가 바로 국민들로 하여금 배움에 대한 기피증을 심어주었다고 볼 수 있다. 그런 학교중심의 학습주의 망령들이 배움에 대한 인간의 영혼을 흐려놓았기 때문에 그런 배움기피증이 만연하고 있는 것이다.

사람은 스스로 배울 수밖에 없는 본능을 갖고 태어났기에 그 누구나 배울 수밖에 없다. 물론 배우는 일이 보기에 쉬운 것이기는 해도, 그 무엇이든 접하고 익히고 만들어 내는 일을 매일같이 해야 하는데 그것을 중단하면 배움의 능력은 저절로 사그라진다. 그래서 인간의 배움력에도 용불용설(用不用說)의 원리가 적용된다. 즉, 배우지 않으면 배우는 능력이 퇴화되어 나중에는 배우는 기능 그 자체가 무용해지게 되는 배움의 용불용설이 적용되는 것이다.

인간의 배움력을 최적화시키기 위해 인간들이 만들어 놓은 걸작품 중의 하나가 바로 학교라는 제도다. 마치 학교를 다니지 않으면 배움이 결핍되는 것처럼, 학교의 졸업장이 인간의 됨됨이를 판단하게 되었다. 학교에 대한 적응을 최적화하기 위해 학자들은 수많은 학습방법과 학습전략들을 만들어 냈다. 사람들이 배움에 실패하는 이유는 학습방법에 대해 무지하기 때문이라는 것이 그들의 생각이었다. 그런 학습방법을 익히는 일이 학교교육의 핵심이라고 보고, 그 권한을 학교에 위임했기에 학교교육은 오만해지기 시작했다. 그로부터 학교는 인간의 배움을 제쳐놓은 채, 학습을 독점하게 되었다. 동시에 사람들에게 이런저런 잡다한 정보와 지식을 가르치는 것이 바로 학습이며 그것을 위해 학교에 충성해야 한다는 학교중독증을 퍼트려놓았다. 이런 과정에서 배움의 주체인 인간은 주변인이 되었고, 인간의 배움을 위한 하나의 수단이자 종(種)에 불과한 학교가 주인 행세를 하기 시작한 것이다.

평생에 걸친 인간의 삶에서 그들의 배움과 생각, 그리고 자기를 하나로 만드는 매개개념은 첫째가 의미(meaning)라는 요인이고, 그 둘째가 그 의미의 중요성(significance)이라는 개념으로 집약된다. 의미와 의미의 중요성을 인간의 삶과 관련시킬 때, 그것의 전체모습을 배움의 힘, 배움의 의미심장(意味深長)이라고 부를 수 있다.

삶에 있어서 의미심장을 구성하며 결정해주는 그 첫째 요소는 정보의 의미 파악을 위한 접속의 능력이다. 그 어떤 정보이든 배우려는 사람이 먼저 접해야 한다. 그렇게 받아들인 정보는 그 정보가 배우려는 사람들에게 무슨 의미를 갖느냐에 따라 정보의 생명력이 좌우된다. 왜냐하면, 인간의 경험 세계는 사물로 구성되는 것이 아니라 의미들로 구성되기에, 배우는 사람들에게 일차적으로 와 닿는 것은 그가 경험하는 것이 그에게 무슨 의미를 갖느냐하는 문제와 직결된다.

한 사건의 의미는 배우는 사람들의 외부에 존재하는 것이 아니라 그들의 내부경험에 존재하는 것이기에 그에게 우선하는 것은 이론이 아니라 상황과 맥락이다. 즉, 자기와 한 사건간의 관계가 어떻게 엮어지고 있으며, 그것이 그에게 주는 뜻이 무엇인지가 그에게 우선하게 된다. 그런 의미를 주는 것들은 아무리 하찮은 것이라도 의미 있게 접하고 익히고 자기 것으로 만들어 내도록 한다. 그렇게 "접하고 익히고 만들어가기"를 매일 같이 행하는 삶을 배움의 삶이라고 부른다. 그렇게 하는 것이 자기가 속한 조직을 가능성 있는 공동체로 만들어가는 평생에 걸친 배움의 길이다.

2. 배움의 성격

태초부터 인간에게 있어서 배움은 삶의 기본 형식이자 원현상으로 주어져 있었다. 배움 현상으로부터 정치, 경제, 예술, 종교, 학문 등이 탄생하고 성장하였다. 말하자면, 배움은 정치가 정치 자체의 내적 질서에 따라 실행되도록, 경제가 경제 자체의 합법칙성에 따라 성장하도록, 예술이 예술 자체의 고유한 자율성을 가지고 승화되도록, 종교가 종교 자체의 본질을 유지하면서 지속되도록, 학문이 학문 자체의 내적 논리에 따라서 발전되도록 그 역할을 해왔다. 이처럼, 배움은 인간 개개인의 삶의 길이면서 동시에 개인의 삶과 관련한 여러 사회 현상들의 기본 모태였다.

1) 배움의 우선성(優先性)

인간은 삶에 필요한 지식, 기술, 태도 등을 배울 수 있는 능력을 가지고 태어났다. 인간은 이러한 배울 수 있는 능력, 즉, 배움의 본성에 기초해서 축적된 지식, 기술, 태도 등을 습득하고 더욱더 새롭게 개발하고 발전시켜 나갈 수 있다. 인간이 세대를 이어가면서 지식, 기술, 태도 등을 축적, 확대해 나가는 과정에서 문화가 발달한다. 문화의 주체로서 인간이 보여주는 가장 본질적인 모습은 배움을 실천하는 동물로서의 호모 에루디티오, 즉, '배우는 삶(學生)'의 모습이다.

배움이 가르침보다 더 우선한다는 사실은 인간의 권리의 관점에서도 분명하게 드러난다. 가르칠 권리에 앞서는 것이 배울 권리이다. 인간은 호모 에루디티오로서 배움을 통해 인격적 존재, 문화적 존재가 된다. 만약 배움이 금지되거나 제한되면 인간은 정상적인 존재로 성장하기 힘들다. 개체로서의 사람뿐만 아니라 집단으로서의 인간도 배움이 하나의 권리로 보장되지 않으면 그 기능을 발휘할 수 없을 뿐만 아니라 스스로의 존립 자체도 불가능할 수 있다. 개체로서나 집단으로서 인간의 자유로운 배움은 인간의 가장 근본적인 존재 조건이다. 제한 받지 않고 자유롭게 배울 수 있는 권리는 가장 근본적인 자연권이다. 이 자연권은 어떠한 이유로도 제한될 수 없으며 제한되어서도 안되는 것이다.

가르침은 자연권으로서의 배움 활동을 도와주기 위하여 필요한 것이다. 가르치는 권리로서의 교육권을 보장하기 위하여 배움이 존재하는 것이 아니라, 배움의 권리를 보장하기 위하여 가르침이 존재하는 것이다. 인간이 지식, 기술, 태도 등을 배우는 과정이 복잡해짐에 따라 보다 효과적으로 배움이 이루어질 수 있도록 하기 위해 인위적으로 조작하려는 시도가 나타났는데, 그것이 바로 가르침인 것이다. 가르침의 시각에서 배움의 대상과 배움의 내용, 배움의 방법을 선정하고 이해하고 실천하려는 노력이 나타났고, 이때부터 가르치는 사람, 가르치는 내용, 가르치는 방법 등이 주요 관심사로 등장하게 되었다.

배움의 권리가 가르침의 권리에 우선한다고 볼 때, 배움의 권리를 전제하지 않은 가르침의 행사는 배우는 이의 권리를 무시한 일방적인 통제이다. 이런 통제와 감시는 배우는 이를 위한 것이라기보다는 가르치는 이로 대표되는 권력을 위한 것이라고 할 수 있다.

배움의 권리를 통제하는 행위가 역사 속에서 국가권력과 지배계급에 의해 자행되어 왔고, 이를 학교기관이 나서서 행사함으로써 에듀파시즘(edufascism)이 팽배하게 되었던 것이다.

가르침은 일반적으로 말하는 스승, 교사, 선생에 의해서만 이루어지는 한정된 의미가 아니다. 가르치는 자는 특정 지식을 전수하는 교사만이 아니라, 권력을 가진 자, 기존의 삶의 형식을 구성하고 유지하는 자, 기존의 문화를 지탱하는 자 등을 함께 일컫는다. 기존의 학교 중심 패러다임에서 교육은 가르치는 자와 배우는 자의 인격적 만남을 낯설어 한다. 페다고지(pedagogy)의 학교학, 교수학, 교사학에서는 가르침을 베푸는 측과 그 가르침을 받아야 하는 측을 구분하였다. 이들 가르치는 자들은 기존의 문화 질서와 지식만을 절대적인 것으로 이해하고 있었다. 이들은 통제와 감시의 권력을 유지하기 위해 기존의 질서와 지식을 주입시켰다. 기존의 질서와 가치를 훌륭하게 소화시켜 내는 자가 배운 자, 교육받은 자의 대표적 표본이 되고, 그렇지 못한 자는 일탈자, 문제아, 실패자로 낙인 받았다. 페다고지 중심의 교수학이 인간 본성으로서의 배움을 가르침에 종속된 결과물로 평가절하 시켰던 것이다. 중요한 것은 가르치는 이와 배우는 이가 서로 동반자로서의 관계를 갖는 것이다. 이런 관계는 일방적으로 가르치고 일방적으로 배운다는 편견을 극복하는 데서부터 시작된다.

인간이 가르침을 통해 추구하는 것은 바람직한 삶의 실현이다. 그런 의미에서, 가르침의 핵심은 배우는 사람에게 삶에 대한 의미와 가치를 일깨워주고 삶에 대한 열망을 갖도록 도와주는 것이다. 인간이 바람직한 삶에 대한 깨달음을 얻는 것은 배움을 통해서 가능하다. 즉, 가르침을 통해서 삶에 대한 가치를 깨우치는 것은 배움에 대한 의미와 그 본성을 깨닫는 일이 우선되었을 때 가능하다. 모든 이들이 배움에 대한 의미와 가치를 깨달을 수 있다면, 평생 계속해서 배움의 길을 걸으며 바람직한 삶에 대한 태도와 이에 필요한 지식, 기술 등을 습득하고 확대시켜나갈 수 있다. 반대로 배움에 대한 의미를 알지 못하면 자신의 삶에 대한 태도를 깨닫기가 어렵고 지식과 기술의 습득 또한 순간적이고 일회적인 경험에 머물게 된다.

그러므로 가르침은 타인의 앎을 깨뜨리고 그에게 자신의 앎을 받아들이게 함으로써 뭔가 다른 앎으로 나아가도록 도와주는 행위라고 할 수 있다. 이에 비해, 배움은 인간의 근원적 행위로서 그 스스로 의미가 있으며, 가르침과는 별개로 이해되어야 하는 것이다. 가르침은 타인의 '앎의 파괴(destruction)'와 자기 복제를 기본으로 하는데 비해서, 배움은 기존의 '앎의 해체(deconstruction)'를 통한 새로운 창조에서 시작한다는 점에서 서로 다르다. 다름은 다름일 뿐 틀림이 아니다. 서로 다르기에 조화롭고 아름다운 것이다. 이런 다름으로 인해 지금껏 배움과 가르침은 서로 대립과 조화라는 결합을 이루어 왔던 것이다.

배움의 우선성은 배움과 가르침의 서열을 확인하는데 그 의의가 있는 것이 아니다. 배움이 가르침보다 우선한다는 말은 배움과 가르침 각각의 본질을 정확히 바라보고 인식함으로써 다종다양한 교육의 현상과 문제들을 올바르게 진단하고 해결해 나가는데 그 의의가 있다. 배움의 우선성은 지금껏 배움과 가르침의 혼란스런 관계, 말하자면, 배움은 가르침이라는 독립변수의 영향을 받는 종속적 결과라는 관계 인식에서 벗어나는 것을 의미한다.

2) 배움의 타자성(他者性)

인간은 일상생활에서 삶살이를 변화시킬 수 있는 마음의 눈을 필요로 한다. 왜냐하면 인간은 사실적인 눈만을 가지고 세상의 변화에 대응하며 살아가기가 힘들기 때문이다. 그래서 인간은 배움을 통해 마음의 눈을 열어가려고 노력한다. 인간은 태어나자마자 세상을 바라보는 여러 가지 눈을 갖게 되지만 환경이 요구하는 대로 그 어느 한 가지에 주로 익숙해진다. 그 중의 하나가 바로 육체의 눈, 사실적인 눈이다. 사실을 있는 그대로 바라보면 사물이 있는 그대로 드러난다. 이렇게 사물을 있는 그대로 바라보는 시각을 사실적인 눈이라고 부른다. 그러나 인간이 아무리 사실적인 눈을 갖고 사물을 바라본다고 하더라도 사물을 바라보는 각도가 서로 다르면 그로부터 얻어지는 느낌도 달라진다. 사물을 각자의 마음으로 음미하면 더욱더 사물의 모습은 다르게 인식된다. 인간이 갖고 있는 마음의 눈은 세상과 환경을 새롭게 바꾸는 힘이고, 깨달음의 근원이며, 배움의 원동력인 것이다.

레비나스(Levinas)는 인간의 욕구와 욕망을 개념적으로 구분하고 있다. 욕구는 결핍에 대한 충족을 의미하는 것이다. 이것은 인간의 생물학적인 생존과 직결된다. 욕구는 인간 스스로 생물적인 존재인 동시에 경제적인 존재임을 확인하게 해준다. 이런 욕구들은 인간 생존의 조건이며 인간의 자기 확립의 조건이다. 인간의 생존성을 확인하는 것은 개인에게 있어서 자기성(自己性)과 개체성을 확립하는 것이다. 자기 생존성과 자기 개체성의 확립 없이는 세상에 대한 인식 자체가 불가능하다. 인간이 자기가 필요로 하는 욕구들을 적극적으로 충족해 나가는 자연스런 과정이나 활동을 가리켜 쥐쌍스

(jouissance), 즉 향유(享有)라고 한다. 인간에게 있어서 자기성의 확립은 향유에 의해 이루어진다.

이런 향유의 토대는 인간 스스로 마시고 먹고 이야기하면서 삶을 즐기는 과정 속에서 다져진다. 인간이 먹고 자고 이야기하고, 그렇게 배우고 즐기며 삶을 향유하는 것은 타인에게 맡겨서 할 수 있는 일이 아니다. 이런 삶의 향유는 지극히 개별적인 자신만의 행위이다. 이런 자기성의 확립을 위한 삶의 향유는 타인의 신체를 통해서 이루어지는 것이 아니다. 나 자신의 신체를 통해서만 이뤄진다.

욕구가 삶의 향유에 관계된 생물적인 속성이 강하다면, 욕망은 삶의 무한성을 보장해 주기 위한 사회적인 측면이 강하다. 동물로부터는 발견할 수 없는 윤리적이며 형이상학적인 것이 바로 욕망이다. 인간으로서 살아가려는 윤리적 욕망은 생물적 욕구와는 차원이 다른 것이다. 인간으로서 존재하려는 윤리적인 욕망은 타자와의 열린 관계를 통해서만 확인이 가능하다. 다른 이들과 나 사이에서 일어나는 관계맺음의 욕망은 인간 특유의 사회적인 욕망이다. 타인과의 관계맺음이나 타인의 고통에 대한 관심과 관계를 통해 인간은 자기성(自己性)의 확립이라는 욕구를 넘어서는 이타성(利他性)의 존재로 변하려는 욕망을 강하게 경험하게 된다. 타인 역시 나의 세계로 환원이 불가능한 존재다. 타인과의 관계맺음 역시 나의 독단적인 이익을 위해 나의 세계에로의 환원이 불가능하다. 타인의 존재가 나의 존재 확인을 위해 확실한 준거임을 드러내고 있기에 더욱 더 나의 욕망을 자극한다.

'인간은 사회적 동물'이라는 아리스토텔레스의 언급은 사회적 존재로서 자신이 자유롭기 위해서는 타인과 의미 있는 관계를 맺으며 어울릴 수밖에 없음을 의미한다. 타인과의 만남을 통해, 타인과의 대화를 통해 비로소 내가 주체로서 설 수 있고, 그래야 나의 자유로움을 외칠 수 있게 된다. 이런 어울림과 관계맺음이 결여된 상태에서의 자유에 대한 확인은 '고독한 군중'과 별다른 차이가 없다. 내가 내 스스로 자유롭기 위해서라도 타인과의 관계맺음이 필요한 것이다. 이런 타인과의 관계맺음은 나의 자유를 구속하는 것이 아니라, 오히려 인간 주체의 자유로움을 확인해 주는 증거이다. 타인과의 진정한 어울림과 네트워킹 속에서 나의 자아는 자유로울 수 있는 것이다.

배움의 타자성은 자신과 낯선 타자와의 관계맺음을 의미한다. 나아가 이들 낯선 타자들과의 의식소통(意識疏通)을 의미한다. 여기서 타자는 완전히 낯선 이를 뜻한다. 나로부터 거리를 두고 있고, 나의 삶에는 도저히 포섭될 수 없는 그런 타인들이다. 나에게 있어서 그 어떤 친밀성으로도 환원될 수 없는 타자이다. 그러나 이런 낯선 타자야말로 나에게는 보편적인 인간성을 열어 주는 길이 된다. 낯선 타자들을 진정으로 인정하고 나와 상관없는 타자를 받아들일 때, 그 어디서든지 타인들을 만날 수 있으며 그들과 동등한 삶을 갖게 된다. 배움의 타자성은 낯선 타자의 모습을 받아들임으로써 그 동안 가질 수 없었던 인간의 보편적 결속과 평등을 누리게 된다. 결국, 나라는 인간 주체의 해체를 통해서 타인을 받아들이고, 타자를 대신하는 삶을 통해 해체된 주체로서의 나로서 새롭게 태어나는 것이다.

3) 배움의 해체성(解體性)

인간에게 있어서 배움의 속성은 신비할 뿐이다. 배움이 신비하다는 것은 배움이 무엇인지에 대한 논의가 불가능함을 의미하는 것이 아니다. 그것보다는 인간의 배움을 아무리 설명하려고 하더라도 그 설명만으로는 충분하지 않다는 것이다. 인간의 배움은 그것을 무엇이라고 설명했던지 상관없이 언제든지 그 이상의 여백을 갖는다는 뜻이다. 배움에 대한 설명이 여백을 갖는 이유는 배움이 갖고 있는 여러 다양한 속성 때문이다.

우선, 배움은 항상 새로운 배움으로의 개조(reformatting)를 추구하는 속성을 가지고 있다. 인간의 배움은 계속적이고 반복적인 비워내기의 루틴을 통해서 새롭게 변화되어 나간다. 비워내기로서의 배움은 그 어떤 연속성을 의미하는 것이 아니다. 비워내기로서의 배움, 즉, 비움의 배움은 배움의 또 다른 해체를 의미한다. 뒤에 발생하는 인간의 배움은 이전의 배움을 그 어떤 형식으로든 부정하거나 바꾸어 놓음으로써 배움의 연속성이 뒤바뀐다는 것을 의미한다. 배움의 비워내기는 배움의 과정에서 배우는 이가 경험하는 돌발적인 이해나 문제해결을 그 얼마든지 새롭게 발생시킨다. 이런 배움의 돌발성은 기존의 학습이론에서 강조하는 학습의 계열성이나 혹은 변증법적 논리를 넘어선다. 학습자의 경험의 구조가 한꺼번에 뒤집히는, 불교에서 말하는 깨달음(覺)과 같은 것이 배움의 돌발성과 비연속성, 혹은 비워내기를 극적으로 드러내는 것들이다.

또한, 배움은 불확실한 미지(未知)의 속성을 가지고 있다. 배움의 과정은 일정한 경로를 따르거나 정해진 주제의 틀 안에서만 일어나는 현상이 아니다. 배움이란 그 속성상 언제나 은닉하는 미지의 것에 속한다. 인간은 대부분 결정적인 것들을 무의식적으로 배운다. 인간의 배움과 배움이 일어나는 과정을 명쾌하게 설명해 내기는 쉽지 않다. 인간의 배움은 실천 그 자체의 서로 다름으로 판단할 수 있다. 인간의 배움은 배운다는 사실 자체와 그 배움을 통해서 그 무엇인가를 배웠다는 사실을 하나로 동일시 할 수 없다. 배우는 것은 배우는 것이고, 배운 것은 배운 것일 뿐이다. 사람이 무엇을 배우는 것은 배우는 일 그 자체로 의미 있는 일이다. 배움 자체는 어떤 형식이나 기술로 짜 맞춰질 성질의 것이 아니기 때문이다. 결국, 인간의 배움이라는 것은 기본적으로 배움 현상 그 자체를 어떤 정해진 형식으로 확정시킬 수 있는 그런 것이 아니다.

더불어, 배움은 사회적이고 관계적인 복잡성을 가지고 있다. 배움은 한 개인에게만 적용되는 현상이 아니다. 공동체로서의 사회적 실체에게도 배움은 필요하다. 사회적 실체란 공동의 목적을 공유하고 있는 공동체 조직을 말한다. 이런 공동체들은 가족, 동아리, 스포츠클럽처럼 작은 규모일 수도 있고, 학교, 기업, 정당, 지역사회처럼 보다 큰 규모일 수도 있다. 다국적 기업, 전 지구에 걸친 종교적 공동체, 국가 전체, 국가간 협력체제, 인류 전체에 이를 정도로 거대한 규모일 수도 있다. 중요한 것은, 배움의 다양한 수준을 인식하는 것이고 사회적 수준에서의 조건들이 개인적 수준에서의 배움을 촉진하기 위한 조건들과 동일하지 않다는 것을 이해하는 것이다. 사회적 실체에서의 배움이 그 하위 실체나 개인의 배움을 단순히 합쳐 놓은 것이 아님을 이해할 필요가 있다.

마지막으로, 배움은 주고받는 대화의 속성을 지닌다. 배움이 무엇인지 배움 자체를 증명하려고 노력하면 할수록 배움은 마치 물거품처럼 흩어져 버릴 지도 모른다. 이는 인간의 배움이 기본적으로 그 형식에 있어서 개인적으로 대화적이기에 그렇다. 대화적이라는 말은 다른 사람과 이야기한다는 단순성도 포함하고 있다. 또는 하얀 종이 위에 그 무엇을 쓴다든가, 관심있는 책을 읽는다든가, 조용히

길을 거닐며 생각을 한다든가, 달리는 기차 차창을 통해 무엇인가를 본다든가 하는 그런 보다 더 복잡한 접속과 접촉도 포함한다. 이런 배움은 삶의 장면들로 구성되기에 삶이 있는 곳에는 그 언제든, 그 어디서든 작동된다.

인간의 배움은 스스로 배우고 싶은 욕구를 충족시킬 수 있는 환경에 의해 움직인다. 배움의 무대나 환경은 그 무엇이라도 좋다. 구체적인 실물도 가능하고, 상상의 존재라고 해도 무방하다. 무엇이든지 다 배움의 무대이다. 이것은 인간이 배운다고 할 때, 그 상대가 되는 '또 다른 나'를 내 스스로 준비하고 있는 것과 같다. 유아의 경우, 배움의 상대는 어머니일 것이고, 학생에게는 선생, 혹은 자신의 미래 모습일지도 모른다. 그래서 배움은 어린아이가 어머니 젖을 빠는 것과 같은 매우 단순한 동작에서도 '또 다른 나'를 상정하고 나의 실존 가능성을 확인하는 철학적 행위이다.

결국, 배움의 해체성은 인간이면 누구나 평생에 걸쳐 찾아나가야 할 삶의 좌표이면서 동시에 실천덕목이다. 배운다는 것은 자아실현의 시작점이며 또한 종착점이다. 배움은 세상의 사물과 사건에 대해 배워나감으로써 그 본질을 알아가고, 그것으로부터 삶의 의미를 찾아가는 평생에 걸친 여정이다. 배움은 세계 속에서 스스로를 의식하고 자신의 위치를 찾아내며 새롭게 만들어 가는 지속적인 해체의 과정인 것이다.

3. 인간의 배움력

인간에게 있어서 배움은 기본값(default value)이다. 인간이 다른 동물과 구별되는 요소는 새로운 것을 배울 수 있다는데 있다. 배운다는 것은 새로운 그 무엇인가를 접하고, 그것을 계속해서 익히고, 이를 통해 더 새로운 무엇을 만들어내는 일련의 과정을 의미한다. 인간은 배움의 과정을 통해서 삶의 질과 행복을 추구한다. 인간이 행복을 추구하는 것은 타고난 권리이며 본성이다. 인간은 행복의 추구를 통해 인간다움과 온전성을 드러낸다. 배움의 본성을 타고난 호모 에루디티오는 이렇듯 행복을 추구하는 존재인 것이다.

1) 각자(各自)로서의 배움력

배움 본성을 타고난 호모 에루디티오는 생물학적으로 온전한 존재로 태어난다. 이는 인간이 창조주의 형상을 따라 만들어진 피조물이기 때문만은 아니다. 동물로서 생존하기 위해서 온전한 존재로 태어나는 것이다. 영유아기의 인간이 다른 동물들처럼 뛰고 달리고 움직이지 못하는 것은 인간이 성장과정에서 그런 발달단계를 거치도록 되어있기 때문이지 뭔가 결여되었거나 부족해서가 아니다. 오히려 인간은 태어나서부터 죽을 때까지 여러 종류의 문화와 문명과의 접촉과정 속에서 그 무엇인가를 하나둘씩 잃어버리는 존재다. 인간은 온전한 존재로 태어났음에도 불구하고, 물리적이거나 정신적인 환경의 영향을 받아 하나둘씩 상실되고 결핍되어가는 불완전한 존재인 것이다.

인간의 지적 능력은 내적 욕구에 의해 능동적으로 발달된다. 인간의 인지구조 자체가 그렇게 형성되어 있다. 인간의 지적 기능인 동화(assimilation)와 조절(accommodation)이 유기체 안에 인지구조인 스키마(schema)를 만들고, 그것은 그의 내면적 욕구와 내재적인 동기유발의 기제에 따라 영원히 지속된다. 인간의 배움 본성은 그 스스로 생명을 다하는 그 순간까지 평생에 걸쳐 쉼 없이 지속된다. 인간은 스스로 내적 필요에 의해 외부 자극에 관계없이 자율적으로 동화와 조절, 그들 사이의 평형과 균형을 유지하면서 지적 능력을 확장해 나간다. 이것이 인간의 배움이며, 그것이 인간의 삶의 본질이고, 인간의 온전성을 드러내는 작업이다.

이와 동시에 인간은 결핍되어간다. 인간은 태어나서부터 죽을 때까지 여러 종류의 문화와 문명과의 접촉과정 속에서 그 무엇인가 하나둘씩 잃어버리는 존재다. 루소(Rousseau)가 <에밀(*Emile*)>의 첫머리에서 "신이 만물을 창조할 때에는 모든 것이 선이었지만, 인간의 손이 닿으면서 모든 것이 타락한다"고 이야기했던 것처럼, 인간은 온전한 존재로 태어났음에도 불구하고 물리적이거나 정신적인 환경의 영향을 받아 하나둘씩 결핍되어가는 존재인 것이다. 여기에서 인간이 평생 배울 수밖에 없는 필연성이 나타난다.

이 두 가지 인간 본성의 결합, 즉, 온전성과 불완전성으로부터 배움의 당위성과 평생에 걸친 교육의 필요성이 드러난다. 정치, 경제, 사회, 문화, 종교 등 갖가지 문명과 문화라는 환경에 의해 인간 본성의 여러 기능들이 조금씩 결핍되어 가지만, 인간은 이런 결핍 되어감 이전에 이미 태생적으로 배움 본성을 타고났기에 자연스럽게 본능적으로 배워 나간다. 익숙하지 않은 불확실한 미지의 환경을 새롭게 접하고 이를 스스로 익히고 다시금 새롭게 만들어 가는 운증적 상승작용으로서의 배움이 인간 생존을 유지해준다. 인간은 타고난 배움 본성에 따라 접하고 익히고 만들어내도록 운명 지어져 있는 것이다. 인간에게 있어서 배움은 태생 이전의 조건이고 운명인 것이다.

2) 더불어 사는 존재로서의 배움력

평생 배움의 사회에서는 그 누구든 나 홀로 살아갈 수 없다. 물론 인간이 나 홀로 살 수는 있지만, 나 홀로 배우는 것만은 아니다. 인간은 더불어 배우고 더불어 살기 위해 서로 배우는 공동체에 참여해야 한다. 이런 상호배움과 상호성장의 필요성은 배움력이 갖는 두 가지 특성을 분명히 드러내 보이고 있다. 그 첫째가 자아실현이고 그 둘째가 사회실현이다. 자아실현이라고 하는 것은 개인 자신의 삶을 보다 풍요롭게 만들어 줄 수 있는 절차에 대한 친숙한 익힘을 말하는 것이고, 사회실현은 사회 구성원 모두가 살아갈만한 가능성의 공락체에 대한 적극적인 참여를 말하는 것이다.

학습자 스스로 자아실현하기 위해서는 배움의 의미부터 다시 시작해야 한다. 인간은 가르침을 받기 전에 배우기부터 먼저 한다는 사실에 대한 이해로부터 시작해야 한다. 배움이 가르침보다 앞선다는 증거는 무엇보다도 인간의 두뇌활동에서 찾을 수 있다. 인간의 학습은 뇌의 신경세포가 형성되는 그 순간부터 활발하게 작동한다. 인간은 다른 동물과는 달리 뇌 기능이 다른 두뇌구조를 갖고 있다. 동시에 인간의 두뇌가 전개하는 배움의 활동은 다른 동물과는 상당히 질적으로 다르다는 점은 인간의 배움이 갖고 있는 본질과 성향을 이해하는데 결정적인 단서가 된다.

인간은 가르침을 받았기 때문에 배우기 시작하는 것도 아니고, 또한 가르침을 받았다고 해서 무조건 배우는 것도 아니다. 자아를 실현하는 사람들로부터 공통적으로 발견되는 것은 배움을 향한 기다림과 서로 다른 사람들과의 의식소통(意識疏通)을 위한 만남이다. 배움에 대한 기다림은 그 무엇인가에 대한 타는 목마름과 그 궤를 같이 한다. 기다림이야말로 대화의 토대이며 대화를 제대로 할 수 있는 순간을 마련해주기도 한다. 상대방과 서로 다른 생각을 나누기 위해서는 정신적으로 인내해야 하며, 상대방의 말에 무엇을 새롭게 덧붙여야 하는지 고민해야 한다. 자기 내면의 거울에 서로를 비추어 보기 위해서라도 참아 내야 한다.

　서로의 경험을 서로에게 다져나가는 것을 '경험의 공유(inter-experience)'라고 한다. 서로 더불어 살기 위해서는 이 경험의 공유가 필요하다. 서로가 자아실현을 하기 위해서 서로 다른 경험들의 공유가 필요하다. 이것을 생략하는 배움은 의미 없는 학습행위의 한 종류일 뿐이다. 인간에게 있어서 배우는 일은 동물의 학습행위와는 질적으로 다르다. 인간에게 있어서 배움은 무엇을 진지하게 생각하고 궁리(窮理)한다는 말과 일맥상통하기 때문이다. 동물들에게 있어서 그것은 궁리와 생각이 생략된 조건반사적인 학습과 훈련만이 가능할 뿐이다. 인간에게 있어서 다른 사람의 경험은 나의 삶을 밝히기 위한 소중한 배움의 소재다. 배움은 사람이 사고(思考)하기 시작한다는 것을 의미한다. 인간의 배움이 그의 생각과 곧바로 연결되기도 하고, 혹은 더디게 연결되기도 하는 것은 배움과 궁리 사이에 매개개념이 어떻게 작동하느냐에 따라 조금씩 다르다. 이것을 인간 배움력의 차이라고 말하며, 그 배움의 차이로 인해 사람들은 서로 다른 삶을 살게 된다. 그 삶의 연결고리가 바로 의미라는 개념이다. 배움은 바로 이 의미를 만들어 내는 일과 직결되어 있다. 자기 삶에서 자기를 위한 의미 만들기가 다르면 그가 추구하는 생활의 형식도 달라진다. 마치 책읽기에 의미를 두면 그 사람의 삶은 '빡세게 독서하는 사람'으로서 생활하게 되는 것이나 마찬가지다.

4. 배움의 관점에서 바라본 평생교육

평생교육은 본질적으로 쓰임새를 중시하는 교육 실천이다. 평생교육은 문제해결을 위한 방법론이기도 하다. 개인의 삶도 그렇고 공동체의 기능도 그렇지만, 모두는 끊임없이 수많은 문제 상황에 직면한다. 그렇게 맞닥뜨린 문제를 풀어 나가는 것이 배움이고 실천이며 삶살이다. 그래서 삶과 사회의 연관성을 배제한 평생교육은 불가능하다. 그런 의미에서 평생교육은 인간의 배움 본성을 개인이 죽음에 이르는 그 순간까지 실현해 나가도록 도와주는 배움의 과정이다. 평생교육은 졸업장이나 인증서로 마감되는 훈련과 개발의 종착점이 아니다. 평생교육은 학교교육 이후에 이루어지는 계속교육의 단계도 아니다. 평생교육은 인간의 발달과정 중에서 적기의 학습기회를 상실한 소수를 위한 것도 아니다. 평생교육은 새로운 배움의 문화 창출을 위한 모든 이들의 삶살이 실천 활동인 것이다.

1) 일상(life)으로서의 평생교육: 접하고 익히고 만들기의 學/習/學

배움은 모든 이를 위한 평생교육과 평생학습을 일상적인 삶으로 간주한다. 일상적인 배움은 그 누구보다도 본인 스스로 '접하고 익히고 만들기(學/習/學)'를 강조한다. 접하고 익히기만 하면, 이는 불교에서 말하는 지난날 흔적이 마치 절대적인 것으로 남아 후일에 영향을 주는 습기(習氣)가 되어 오히려 실행하지 아니함만 못한 모습이 되기도 하기에, 헝클어진 습기를 바로 잡아 배움의 의미를 더하기 위해서는 습기의 축축함을 말려주는 인간 본연의 성찰과 반추로서의 새로 행하고 자기 것으로 만들어내기가 필요하다.

접하고 익히고 다시 만들어내기로서의 배움은 그것이 어떤 모습으로 표현되던 간에 관계없이 그 일에 푹 젖어드는 상태로서의 몰입(flow)과 집중(centering)으로서의 사마디(三昧)를 중요시 한다. 책을 읽는 일이든 잠을 자는 일이든, 공부하는 일이든 운동하는 일이든 그 어느 것에도 구애받음이 없이 삶의 전체 과정에 깊이 도취되거나 푹 빠져 들어가는 것은 모두가 배움인 것이다. 자신의 삶에 푹 젖어드는 그런 삼매는 몸과 마음의 통합으로서 일상적인 평생교육의 존재감을 북돋아 주기 때문이다.

평생교육은 기존의 관료제적 학교운영보다는 채움의 뿌듯함, 비움의 여유로움, 나눔의 기쁨, 쉼의 즐거움을 북돋아 주는 품앗이 배움 활동들을 우선적으로 강조한다. 그것은 배우려고 하기만 하면 배울 것이 너무나 많다는 것을 상정한다. 서로의 배움을 촉진하기 위해서는, 서로가 서로를 위해, 서로가 서로의 자녀를 위해 무엇을 도와줄 수 있을 것이며 어떤 방법으로 서로의 배움을 품앗이할 것인가에 대해 고민하면 된다. 왜냐하면 개인이 스스로의 삶살이를 위해, 나아가 공동체살이를 위해 무엇을 도와줄 수 있을 것인가에 따라 일상적인 평생교육의 질이 달라질 수 있기 때문이며, 이것이 일상적인 배움의 공동체가 추구하는 서로 나누고 더불어 즐기는 學/習/學의 전형이기 때문이다.

2) 여가(leisure)로서의 평생교육: 3F(freedom, fun, feeling)

여가는 일상생활의 필수 불가결한 요소다. 인간의 삶살이 자체가 여가인 것이다. 살아가는 것도 여가이고 노는 것도 여가이며 일하는 것도 여가이다. 여가는 성인들만의 전유물이 아니라, 살아 숨쉬는 모든 이들의 평생에 필요한 필수품이다. 여가를 제대로 즐기기 위해서는 여유와 재미를 배우는 데서부터 시작할 필요가 있다. 말하자면, 새롭게 접한 여유와 재미를 끊임없이 익히고, 그 가운데서 자신의 흥미와 상황에 맞게 뭔가를 만들어내는 과정이 필요하다. 결국, 여가는 평생에 걸친 삶살이 속에서 접하고 익히고 만드는 배움의 과정이라고 할 수 있다.

여가로서의 평생교육은 기본적으로 페다고지적 방법론을 거부한다. 왜냐하면 페다고지적 방법론은 지식의 많고 적음이나 그 정당성만을 고집하기 때문에 자칫 여가로서의 배움을 노동의 수준으로 전락시켜 버릴 위험이 있기 때문이다. 다시 말해서, 페다고지적 방법론은 배움의 시간을 노동의 시간으로 전환시켜 버리고, 이로 인해 학습자들은 노동으로부터 벗어나기 위해 또 다른 여가를 추구하게 되며, 이는 창조적이고 능동적인 배움의 삶을 파괴하는 수동적 여가로 변질될 수 있는 것이다. 그런 의미에서, 여가로서의 평생교육은 인간의 삶살이에 자유함과 재미와 감동을 줄 수 있어야 한다.

여가란 단순한 쉼을 의미하는 것만은 아니다. 여가란 노동으로부터 벗어나 자유를 구가함으로써 자아의 풍요로움을 만끽하는 삶살이를 의미한다. 여가로서의 평생교육에는 자유로움(freedom)이 있어야 한다. 누구에게 방해를 받아서도 안되고, 사회적으로나 정치적으로나 이용되어져서도 안된다. 자유롭게 생각하고, 자유롭게 행동하고, 자유롭게 즐길 수 있어야 하는 것이다. 이러한 자유로움에는 재미(fun)가 동반되어야 한다. 이 재미는 삶에 대한 열정의 표현이다. 재미가 있어야 여가에 대한 몰입이 가능하고, 이러한 몰입이 삶에 대한 열정을 북돋아 주게 된다. 괴로운 고역은 여가가 아니기 때문이다. 또한 재미에는 감동(feeling)이 함께 뒤따라야 한다. 인간의 심금을 울리는 감동과 카타르시스가 여유로움을 낳는다. 감동과 여유가 있는 여가는 당당하고 자신감이 넘치며 삶에 깊이를 더해준다.

자유가 없는 재미, 재미가 없는 감동, 감동이 없는 자유는 불가능하다. 여가로서의 평생교육은 가장 먼저 자유로움(freedom)을 약속하기에 배움의 가능성이 있는 것이며, 그로부터 끊임없는 재미(fun)를 주기에 지속적인 배움을 유지할 수 있는 것이며, 그로부터 존중 받는 인간으로 존재한다는 감동(feeling)을 주기에 삶의 여백을 늘려주는 배움으로 작동하는 것이다. 결국, 이 삼위일체의 조화가 바로 여가로서의 평생교육이 지향하는 비전인 것이다.

3) 소양(literacy)으로서의 평생교육: 문해(文解)를 넘어서 문활(文活)

리터러시를 문해(文解)로 번역해 온 것이 그동안의 관행이었지만, 지금은 리터러시의 유형들이 다양한 형식으로 확장되어 가고 있기에, 리터러시를 문해라고 번역하는 것은 적절하지 않을 수 있다. 이제는 리터러시의 의미가 종래의 문자적 이해에 관련된 문해활동과는 전혀 차원이 다른 활동으로 변화되고 있다. 리터러시는 인간 삶살이 전반을 다루는 능력이나 지성적인 활동을 지칭하는 것으로 그 의미가 확장되었다. 열린교육 평생학습 시대에 있어서 현실적으로 리터러시를 단순히 문자를 쓸 줄 알고 읽을 줄 알고 해독할 줄 아는 수준 정도로 이해해서는 포스트 코로나 시대의 리터러시를 제대로 수용해 나가기가 어렵게 되었다. 이런 환경의 변화로 인해, 리터러시는 사회적이거나 문화적인 활동, 혹은 비판적이거나 자성적인 성찰을 위한 활동에 참여할 줄 아는 능력, 즉, 문화능력으로서의 문활(文活), 혹은 인간의 삶살이에 필요한 기본적인 소양(素養)으로 번역하거나 이해하고 활용하는 것이 더 어울리게 되었다.

기본 소양으로서의 평생교육은 인간의 삶의 질을 높여주는 주요 수단이기에, 우선적으로 학습자는 생활에 필요한 기본적인 문자를 해독함으로써 자신을 둘러싼 환경과 세상을 바로 볼 수 있게 되고, 자신의 경험을 통해 의미 있는 지식을 갖추게 된다. 문자해독 활동이 학습자로 하여금 자신과 세계에 대한 식견을 갖게 해주고 학습자 스스로 인간화를 추구하는데 일차적으로 도움을 준다. 하지만, 읽고 쓰고 셈할 수 있는 일차적인 문자해독 활동만으로는 인간이 배움의 본성을 타고난 호모 에루디티오로서의 기능을 제대로 발휘하도록 하는데 한계가 있다.

소양으로서의 평생교육은 사회적 불평등과 소외집단의 이익을 실현하는 데서부터 시민들의 정치참여에 이르기까지 다양한 형태의 기능적, 문화적, 비판적 배움 활동 모두를 포함해야 한다. 기능적 배움 활동은 도구적이고 실용적 목적에서의 일차적인 문자해독 활동이라고 할 수 있다. 문화적 배움 활동은 학습자 개인들의 다양성을 인정하고 서로 간의 차이를 넘어 상호 의사소통을 원활하게 하기 위한 활동이다. 비판적 배움 활동은 학습자들이 교육과정에 내제된 권력과 이데올로기, 문화를 인식하고 이들 요소들이 어떤 집단에게 어떤 방식으로 특권을 부여하고 이로 인해 어떤 집단이 불이익을 받는가를 비판적으로 파악할 수 있도록 도와주는 활동이다.

이런 기본 소양으로서의 평생교육은 인간에게 요구되는 교육, 문화, 사회, 학습의 형식과 내용 그 자체에 대한 속 깊고 폭 넓은 이해를 요구한다. 현실적으로 평생교육 현장에서 진행되는 많은 프로그램들이 여가나 일상으로서의 삶살이와 관련된 문자해독 활동에 기초를 둔 이해를 필요로 하는 것이 사실이다. 앞으로는 이런 문자해독 능력을 넘어서서 그 이상의 것을 엮어내는 배움의 문화, 말하자면, 디지털 리터러시에 대한 배움, 매스미디어 리터러시에 대한 배움, 민주시민 정치참여 리터러시에 대한 배움, 산행에 대한 배움, 음주에 있어서의 배움, 흡연과 관련한 배움, 커피나 와인 등에 대한 배움 등에 이르기까지 다양한 형식의 배움의 문화가 새로운 평생교육의 형식으로 펼쳐져나가야 한다.

5. 나가며

인간의 배움을 보호해야 인간의 삶이 보존된다. 사람답게 살려고 한다면 배움을 포기하거나 폐기하지 말아야 한다. 이 시대에 있어서 문맹이란 문자를 모르는 사람을 일컫는 말이 아니다. 이 시대의 문맹은 배우기를 중단하는 자이거나 배운 것을 잊어버리지 못하는 자, 또는 잊어먹은 것을 다시 배우지 않는 자 가운데 그 어느 한 부류일 뿐이다.

배움은 배우는 이 스스로 경험의 지평을 창조적으로 파괴하는 바로 그 순간에 한 차원 높은 새로운 배움으로 부활하는 것이다. 즉, 새로운 배움은 이전 배움의 형태를 변화시키거나 무너트리는 것으로부터 시작한다. 배움은 해체를 통한 새로운 창조력을 그 생명의 씨앗으로 삼는다. 배움은 배움의 과정이 어떤 식으로 일어나는지에 대해 신비함을 남겨 놓는다. 배움은 그 이전의 사전 지식과 새로운 관점과의 마찰, 기존의 행동과 새로운 경험 가능성과의 치열한 갈등과 자기 성찰의 과정을 통해 일어난다. 인간의 배움에 대한 설명이 언제나 미완의 상태로 남겨지는 이유는 배움이 학습현상이나 경험과정의 양적 축적이 아니기 때문이다.

평생교육에 있어서 실제로 해보기를 금지한 배움은 배움일 리가 없으며, 배움을 실천한다고도 볼 수 없다. 실천이 제거된 평생교육은 배움의 포기이며, 궁리의 폐기나 마찬가지다. 일상적인 삶살이 바로 그 곁에 있는 평생교육은 그 어떤 기술적인 하드웨어나 학교같이 커다란 조형물에 의해 실현되는 것이 아니다. 일상, 여가, 소양으로서의 평생교육은 여기저기서 들려오는 자연의 소리 같은 것이며, 그것을 바라보는 한 순간의 여유 같은 것이다. 그것이 배움의 시작이고 배움에로의 초대이다.

배움이란 일상생활의 형상과 모습들이며 평생에 걸친 개인의 삶에 붙어 다니는 운명과도 같은 것이다. 일반적인 느낌이나 반응, 평범한 상식적 이해들이 얽히고설켜서 만들어내는 삶살이 같은 것들이 일상적인 배움이다. 이런 감동을 주는 평생 배움 공동체가 많으면 많을수록, 이런 배움터를 매일 같이 활용하는 공동체일수록 구성원 모두를 배우는 존재로 확인해 준다. 동시에 자신의 삶과 직결된 배움의 일상 속에 살고 있는 호모 에루디티오로서 매일 살아 숨쉬고 있다는 그 사실에 경탄과 감사하는 마음을 갖게 만들어 준다.1)

Ⅱ. 자기주도 배움론

1. 들어가며: 교육의 본질에 관한 질문

1st Question: '교육의 핵심'은 무엇인가? 가르치고(敎) 기르는(育) 일로 표현되는 교육(敎育, education)의 중핵에는 교수(teaching)와 학습(learning)이 있다는데 많은 학자들이 동의하고 있다. 그렇다면, 교육의 중핵을 이루는 '교수-학습의 본질'은 무엇인가? 교육의 3요소로 이야기되는 교수자, 학습자, 교과내용의 상호 연관성이 높으면 교수-학습이 원활히 이루어진 것이고, 그러면 교육이 잘 진행된 것인지 질문하게 된다.

2nd Question: '교육의 목적'은 무엇인가? 교수자가 교과내용을 잘 전달하기만 하면 교육의 목적이 달성되는 것인지, 아니면 학습자가 교과내용을 잘 받아들이기만 하면 교육의 목적이 성취되는 것인지 질문하게 된다. 그렇다면 '잘 전달하고 잘 받아들이기' 위한 교육의 방법은 그 목적에 부합하기만 하면 무엇이든지 용인이 될 수 있는 것인지 질문하게 된다.

3rd Question: '교육의 주체'는 누구인가? 교육의 3요소 중에서 교과내용이 주체는 아니라고 볼 때, 교수자가 주체가 되든지 아니면 학습자가 주체가 되어야 할 것이다. 그렇다면 교육의 주체는 교수자인지, 학습자인지, 아니면 이 두 존재 모두 다인지 질문하게 된다.

세 가지 질문은 적어도 교육과 관계하고 있는 존재라면 누구라도 한번쯤은 스스로에게 던져봐야 할 질문이다. 이 질문은 교육을 학문적으로 처음 접하는 학부생이나 대학원생에게도 의미 있는 질문이고, 현장에서 교육을 실천해오고 있는 학자와 실천가들에게도 유의미한 질문이다. '교육이 무엇인가'라는 질문은 같은 하늘 아래에서 함께 호흡하는 모든 인간 존재들에게 공통적으로 적용될 수 있는 질문이다.

배운다는 것은 배움 본성을 타고난 인간인 호모 에루디티오 스스로가 배움의 욕구를 충족시킬 수 있는 터전을 마련하는 데서부터 시작한다. 상호 소통의 장을 마련한다는 것은 교수자와 학습자가 서로 통(通)할 수 있는 나름의 방식을 터득하고 마련해 가는 것이다. 교육의 장면에서 이러한 장(場)을 마련하는 것은 역시 교수자의 책임일 것이다. 환자와 의사와의 관계에서도 이러한 장은 역시 의사가 만들어야 하며, 학습자와 교수자 사이의 관계에서는 교수자의 역할인 것이다. 최근 플립러닝(flipped learning), 문제해결학습(problem-solving learning), 프로젝트학습(project-based learning), 자기조절학습(self-regulated learning), 자기주도학습(self-directed learning) 등의 용어들이 각광 받고 있다. 특히 자기주도학습은 그만큼 학습자의 자기주도성이 교수-학습 장면에서 중요한 화두이다.

2. 평생학습시대 자기주도학습

"가르치는 자와 배우는 자를 엄밀히 가르는 이분법적 사고도 이제 더 이상 적합하지 않은 생각이 되었다. 교수자와 학습자를 포함한 모든 사람들이 평생토록 자신의 학습을 주도하고 관리하는 평생학습자이자 지식의 생산자가 되어야 하는 것이다. 이제 평생학습자라는 인간관이 인간의 삶을 이해하는 중요한 인식의 틀이 되었다. 평생학습사회가 구축되기 위해 특히 중요한 것은 국민 각자가 주도적으로 자신의 학습을 관리할 수 있어야 한다. 자기주도적으로 학습을 관리할 수 있는 능력은 평생학습시대를 살아가는데 있어 가장 핵심적인 능력이라 할 수 있다(한순미, 2004)."

가르치기만 하면 배우는 시대는 역사의 뒤안길로 사라졌다. 열린교육 평생학습 시대에는 배움의 목표에서부터 내용, 방법, 평가에 이르기까지 전 과정을 학습자 스스로가 계획하고 실행하고 평가하는 창조적 교육과정이 필수적이다. 평생학습사회는 발생한 문제 상황에 대처하는데 급급해 하는 수동적 대응적 문제해결사회라기보다는 문제 발생 이전에 문제 상황을 예측하고 그 원인을 발굴하여 해결방안을 창안해내는 능동적 창발적 문제발굴사회라고 할 수 있다. 코로나 팬데믹 이후 급속한 사회 환경 변화 속도를 기존의 교육시스템으로는 더 이상 감당해 낼 수 없기에 교육의 주체들 스스로 문제 상황을 파악하고 원인을 분석하고 그 해결방안을 구안하도록 준비해야 하는 것이다.

평생학습사회의 핵심인 자기주도학습은 그 의미를 목표에 두는지, 과정에 두는지, 또는 목표와 과정의 통합에 두는지에 따라 서로 다른 관점을 제기한다. 첫째로, Brookfield는 자기주도학습을 하나의 목표로 바라본다. 다시 말해서, 자기주도학습은 '자아실현을 추구하는 학습자의 특징적 학습방식의 하나로서, 학습과정의 결과로 기대되는 자기주도학습 능력과 학습자 내면의 의식변화'로 이야기하고 있다. 둘째로, Knowles와 Long 등은 자기주도학습을 하나의 과정으로 바라본다. 그들에게 있어서 자기주도학습은 '학습자가 교수자 혹은 외부인의 도움에 관계없이 스스로 주도권을 지니고 학습의 필요성 진단, 목표 설정, 필요한 인적·물적 자원 확보, 적절한 학습 전략 선택 및 적용, 최종적인 학습 결과 평가를 실행하는 과정'이며, '학습자 스스로의 통제와 관리에 따라 학습상황에 집중하고 문제의식을 가지고 비교 대조하는 등의 메타인지행동의 과정'으로 파악하고 있다. 셋째로, Candy는 자기주도학습을 목표이자 과정으로 바라보고, '학습자가 스스로의 학습과정에 주도적으로 참여하여 계획하고 실천하는 자율적 결정 능력을 향상시키고, 이러한 자기관리능력의 향상을 위해 교수-학습 과정에 학습자의 주도권을 증진시키는 훈련 과정을 포함'하는 것으로 정의하고 있다.

Merriam, Caffarella, & Baumgartner는 자기주도학습의 목표를 세 가지로 정리하고 있는데, 첫째로, 학습자들이 학습에 있어서 주도적이 되는 능력을 향상시키는 것, 둘째로, 학습자의 관점전환이 자기주도학습의 중심이 되도록 촉진하는 것, 셋째로, 사회실천의 가능성을 높이는 것이 자기주도학습의 핵심이 되도록 하는 것 등이다. 이 가운데서 대부분의 자기주도학습 연구는 첫 번째 목표인 학습자의 자기주도력 함양에 관한 내용을 주로 하고 있으며, 여기서 교수자가 할 일은 일정 부분 학습자들이 자신의 학습을 스스로 계획하고 실행하고 평가할 수 있도록 돕는 일이다. 이러한 자기주도학습력 증진의 목표는 초등교육에서 시작해서 중등교육과 대학교육, 전문가교육, 지역사회교육에 이르기까지 모든 교육에서 관심을 기울여야 할 필요가 있는 부분이다.

3. 자기주도학습의 효익

"자기주도학습은 학습자 스스로가 학습의 참여 여부에서부터 목표 설정 및 프로그램의 선정과 평가에 이르기까지 자발적인 의사에 따라 선택하고 결정하고 행동하는 학습형태를 말한다. 즉, 자기주도학습은 학습목표의 설정, 학습자원의 확인, 학습전략의 선택, 학습결과의 평가와 자기성찰 등의 일련의 과정을 학습자 스스로 동기를 발견하고 지속하도록 노력하는 것이다(최성우, 김판수, 2010)."

1) 동기부여(motivation) 증진

일반적으로 동기(motive)란 '무엇인가를 하고 싶어 하는 마음'이라고 할 수 있다. 자기주도적으로 배움의 과정에 참여하도록 독려하는 내적 동기가 마련된 학습자는 새로운 사안에 대한 관심과 흥미가 높고 주의력과 자기효능감이 높다. 학습에 대한 의욕이 높고 적극적이고 지속적인 배움에의 욕구를 드러내게 된다.

서머힐(Summer Hill)의 창시자 닐(A. S. Neil)은 '자기 자신이 노력해서 무엇인가를 이룰 수 있고, 자기가 하고 싶은 대로 할 수 있는 학교'라는 개념을 바탕으로 서머힐을 열었다. 서머힐은 닐의 자기주도학습 교육철학이 온전히 배어있는 배움의 장(場)이다. 학습자에 대한 철저한 자유와 스스로의 판단에 대한 배려가 학습자로 하여금 그 무엇인가 새롭게 도전하도록 동기를 부여하는 원동력이 된다.

"부모들의 지나친 불안은 어린이의 건강을 해치는 한 원인이 된다. 이런 불안이 자식은 아버지보다 더 출세해야 한다는 아버지의 소원 속에서 나타나는 것은 매우 특기할 만한 사실이다. 이런 아버지는 그의 자식이 배우고 싶을 때 읽기를 배운다는 것에 만족할 수 없다. 그는 아들을 야단치지 않으면 건달이 될 것이라고 겁을 내고 있다. 그는 아이가 스스로의 속도대로 전진하는 것을 지켜볼 만큼의 참을성이 없다. '만약에 내 아들이 열두 살이나 되어서도 글을 읽지 못한다면, 앞으로 그 애가 어떻게 살아갈 것인가? 만약에 열여덟 살에 대학 입학 시험에 합격하지 못한다면 그는 무식한 노동자 밖에 더 무엇을 할 수 있겠는가?' 나는 이와 반대로 참고 기다리면서 한 어린이가 조금씩 발전하거나 전혀 발전을 못하는 것들을 가만히 지켜보고만 있는 것을 배웠다. 그리고 나는 사람들이 어린애를 가만히 내버려두고 아무런 해도 끼치지 않으면 마침내는 인생의 성공을 거두게 된다는 것을 조금도 의심하지 않는다(A. S. 닐, 2003)."

닐의 교육방침에는 두 가지 원칙이 있는데, 첫째는, 자신에 관한 모든 결정을 스스로 하게 함으로써 학습자 스스로 내적 동기를 중시했다는 점이다. 닐은 학습자들이 선택한 스스로의 결정에 대해서는 바꾸거나 포기하지 않는다는 점을 중요시 했다. 실제로 학습자 자신의 동기를 발휘하여 성장을 이룩할 수 있었다. 둘째는, 학습자들과 대화할 때 학습자의 입장에서 이야기했다는 점이다. 닐은 인간은 태어날 때부터 선한 존재이며 발전 가능성을 가진 잠재적 존재라고 믿었다. 그렇기에 이들에 대한 믿음을 바탕으로 학습자 자신이 느끼는 행복, 성실함, 조화로운 인간관계, 자유로운 심성을 형성하는 것을 교육의 기본으로 삼았다.

자기주도학습은 학습자 스스로 동기를 부여함으로써 자기결정력을 높일 수 있고 이를 바탕으로 자기효능감(self-efficacy)을 증진할 수 있다. 자신에 대한 기대와 내적 동기의 함양은 평생학습시대의 전문가에게 요구되는 기본 역량이라 할 수 있다.

2) 도제정신(apprenticeship) 확충

"최고의 교수들은 수업에서 가장 중요한 것으로 학생과의 소통을 뽑는다. 수업이란 교수자와 학습자간의 소통과정이므로, 교수와 학생이 소통만 잘 한다면 그 수업은 대체로 성공적이다. 교수와 학생간의 소통은 수업 시간에 주로 이뤄진다. 그러나 이 소통만으로는 부족하다. 진정한 소통이란 개인적인 교류에서 시작된다. 교수와 학생이 개인적인 교류를 이루기란 그리 쉽지 않다. 쉽게 건널 수 없는 깊고 넓은 강이 교수와 학생 사이에 흐르고 있기 때문이다(이의용, 2010)."

교육공학기술이 발달하면서 플립러닝(flipped learning), 블렌디드 러닝(blended learning), 유비쿼터스 러닝(ubiquitous learning), 모바일 러닝(mobile learning) 등 다양한 교수-학습 방법이 등장하였다. 스마트폰으로 대표되는 SNS(social network service)의 확산은 교수-학습의 장소와 시간의 한계를 뛰어넘는 교육을 활용하기에 이르고 있다. 코로나 팬데믹과 ChatGPT 등이 등장하는 상황 속에서 비대면 온라인 수업이 급속도로 확산하기는 했지만 그럼에도 불구하고, 면대면 교수-학습 장면이 요구되는 분야는 계속해서 존재한다.

특히, 인간의 생명을 다루는 의학 분야에서는 첨단 기계와 공학기술의 발달에만 의존할 수 없는 부분이 있다. '의술(醫術)이 곧 인술(仁術)'인 의학 분야는 말 그대로 장인정신과 소명의식이 필수다. 그런 측면에서, 도제는 숙련된 기술의 습득뿐만 아니라 전문가로서의 정체성과 가치를 함양할 수 있는 유의미한 교수-학습방법이라고 할 수 있다.

첨단공학시대에 도제정신을 언급하는 것이 마치 시대착오적인 낡은 교육방법으로 인식되고 있는 것이 현실이다. 그러나 도제제도는 근대 서구 학교교육제도와는 다르게 오랜 역사적 전통을 지니고 있으며, 다양한 상황에서 효과적으로 적용할 수 있도록 발전해 왔고 지금도 시의적절한 다양한 맥락에서 진행되고 있다. Lave와 Wenger는 실행공동체의 상황학습(situated learning)을 설명하면서 도제제도의 사례를 제시하였다. 말하자면, 도제의 상황학습과 합법적 참여에 초점을 맞춤으로써 기존 교육에서 탈맥락화된 지식을 비판하고 새로운 각도에서 교육을 바라보고 있다. Coy 또한 장기간에 걸친 관찰과 참여와 경험의 공유를 통해 함축적 지식의 습득이 가능하다고 주장하였다. 이때 지식은 기능(craft)과 관련한 물리적 기술뿐만 아니라 장인과 도제 사이의 인간적, 경제적, 사회적 관계를 구조화하는 방법과 관련이 된다.

장인(master)과 도제(apprentice)와의 관계는 교수자와 학습자와의 관계로 대치될 수 있다. 이들 사이의 인간적 사회적 관계와 경험의 공유는 교수(teaching)라는 원인변인에 의한 학습(learning)이라는 결과변인으로의 일차원적 단편적 수준을 기대하는 것이 아니다. 오히려 학습자 스스로 '어깨 넘어 배움'을 '그저 시도(just do it)'해 보는데 도제정신의 활용점이 있다. 다시 말해서, 눈에 보이는 교수작용뿐만 아니라 눈에 보이지 않는 다양한 형태의 스승의 가르침을 통해서 제자 스스로 배움의 넓이와 깊이를 깨달아 가는 보다 고차원적이고 다층적인 수준을 의미하는 것이다.

자기주도학습은 기본적으로 대기만성(大器晚成)의 성격을 지닌다. 도제정신이 온전히 자리매김하기 위해서는 교수자와 학습자 모두의 노력이 요구된다. 특히 교수자의 기다림이 절실하다. 즉각적이고 대중적이고 결과지향적인 조급함으로는 큰 그릇을 이루어내기가 요원하다. 자기주도학습은 기다릴 줄 아는 교수자와 무모하지만 도전해

보는 학습자 사이의 끊임없는 의식소통(inter-experience)의 과정이라고 할 수 있다.

3) 가르침보다 서로 배움 지향

"좋은 교육이란 유창한 말솜씨로 잘 가르치는 것이라는 고정관념에서 벗어날 필요가 있다. '말로 가르치기'라는 표현을 쓴 이유는 널리 퍼져 있지만 검증되지 않은 고정관념에 주목하기 위해서다. 교수자가 학습자에게 지식을 전달할 때 주로 말로 가르치므로 이 표현이 이상하지 않을 것이다. 한편 '침묵으로 가르치기'는 이처럼 검증되지 않는 믿음에 문제를 제기하기 위해 쓴 표현이다(핀켈, 2010)."

지금껏 교육을 교수자 입장에서 바라보면 가르치는 일이고, 학습자 입장에서 이해하면 배우는 일이라고 구분하곤 했다. 교육학의 중핵을 교수-학습으로 여겨왔고, 그 속에서 학습(learning)은 교수(teaching)의 결과물로 치부되어 '가르치면 배운다'는 식의 기계적이고 도구적인 인식에 사로잡혀왔다. 이런 이분법적인 구별짓기는 교수자와 학습자 사이에 간극을 넓히고 벽을 높이는 결과를 낳았다. 이로 인해 교육문제는 나날이 산적해 가지만 이를 해결할 수 있는 대안은 예나 지금이나 별다른 대책 없이 반복적이고 임기응변적으로 제시될 뿐이다. 이는 "사람들은 다른 사람의 교사가 되기를 좋아하는 결점이 있다(孟子曰 人之患在好爲人師)"는 맹자(孟子)의 지적처럼, 배우기보다 가르치기를 우선시 하는 사람들이 많아서 생긴 부작용이라고도 할 수 있다.

배움(erudition)은 '좋은 교육'이다. 좋은 교육은 그 어떤 타자(他者)에게서 새로운 지식을 배울 수 있는 상황을 만드는 일이다. 우선,

좋은 교육에서 '타자'는 반드시 교수자라는 인간 존재여야만 할 필요가 없다. 학습자 주변의 환경 모두가 타자가 될 수 있다. 그렇게 본다면, 인간은 자연(Nature)으로부터 배우는 것이 자연(自然)스러운 일인 것이다. 또한, 좋은 교육에서 배우는 지식(knowledge)은 단순한 자료(data)나 정보조각(information)의 총합이라기보다는 교수자와 학습자 각자의 '생각의 사고(thought about thinking)'로서 지혜(wisdom)까지를 망라한다. 좋은 교육에서 '만드는' 상황은 '만들어지기'도 하고 '만들어내기'도 한다. 외부에 의해 타율적으로 만들어지는 상황이 있는가 하면, 내부에서 자기주도적으로 만들어내는 상황도 있다. 자기주도학습이 중요한 이유는 외부 자극에 의한 반응으로 만들어지기보다는 학습자와 교수자 모두의 주체적 자율성에 의해 스스로 만들어내는 힘이 필요하기 때문이다. 이런 자기조각능력(self-sculpting)이 곧 창의력(創意力)이고 창조력(創造力)이며 창발력(創發力)인 것이다.

   자기주도학습은 일방적인 가르침이나 독단적인 학습을 추구하지 않는다. 자기주도학습은 교수자의 교수활동(teaching)보다는 학습자의 학습활동(learning)을 우선시 하며, 나아가서 교수자와 학습자 모두의 배움활동(erudition)을 가장 중요시 한다. 다시 말해서, 교수자와 학습자가 각각 분리된 존재가 아니라, 교수자면서 동시에 학습자고 학습자면서 동시에 교수자인 "교수학습자", "학습교수자"로서 모두가 배움의 본능을 타고난 호모 에루디티오(Homo Eruditio)임을 인식하는 데서부터 출발하는 것이다.

4. 나가며: 배우려는 용기

　교육에는 가르침이 필요하다. 가르침은 좋은 교육을 이루어내기 위한 필요조건임에 틀림없다. 하지만 가르침이 좋은 교육의 충분조건이 되기 위해서는 그 무엇인가가 선행되어야 한다. 그 선행조건이 바로 배움이다. 좋은 교육을 위해서 배움은 필수불가결하다. 가르치는 이유도 따지고 보면 배우기 위해서다. 인간은 가르치기 위해서 태어났다기보다는 배우기 위해서 태어났고 이미 배우도록 되어있다. 모태의 양수로부터 벗어나는 그 순간부터 배우지 않고서는 아무 것도 할 수 없는 존재가 인간이기 때문이다.

　교육에 관한 세 가지 질문을 던졌었다. 교육의 핵심은 무엇이고, 교육의 목적은 무엇이며, 교육의 주체는 누구인가의 세 가지 질문이었다. 이 질문들에 대한 대답은 각자마다 다르고 다양할 수 있다. 예를 들어, 어느 누군가는 교육의 핵심을 '잘 가르치는데' 두고, 교육의 목적을 '학습자들이 많이 학습하도록 하는데' 두기에, 교육의 주체는 '교수자'라고 답할 수 있다. 또 어느 누군가는 교육의 핵심을 '잘 배우는데' 두고, 교육의 목적을 '교수자와 학습자 모두가 서로 잘 배우는데' 두기에, 교육의 주체는 '교수자와 학습자 모두'라고 답할 수 있다.

　교육의 본질은 무엇인가라는 질문에 대한 다양하고 서로 다른 대답들 가운데서 나름대로 총괄적인 해답(解答)을 제시한다면, 한마디로 말해서, 더 잘 가르치기 위해서는 먼저 배우려는 용기가 있어야 한다는 것이다. 여기서 중요한 점은 이 해답이 여러 대답 가운데 하나의 해답일 뿐 절대로 정답(正答/定答)이 아니라는 점이다. 정답일 수도 없고 정답이어서도 안된다. 지금껏 교육은 정답 찾기 일색이었다. 그래서 교육이라는 사회문제는 다람쥐 쳇바퀴 돌듯 시대를 초월해서 무한 반복하고 있는 것인지도 모른다.

좋은 교육을 위해서는 하나의 정답만이 존재하는 것이 아니라 서로 다른 다양한 해답이 인정받고 용인될 수 있어야 한다. 지금의 교육 현장에서 자기주도학습이 요구되는 이유는 교수자와 학습자 스스로가 서로 다른 해답(解答)을 발견(發見)하고, 각자 다양한 해법(解法)을 발굴(發掘)하고, 전혀 새로운 해제(解題)를 발현(發現)해 냄으로써 당면한 문제를 창의적으로 해결해 나갈 수 있는 전문가를 육성하기 위해서다.

교수자와 학습자와의 만남은 의사와 환자와의 만남과 동일하지는 않지만 유사하다. <슬기로운 의사생활>에서 보았듯이, 의사와 환자와의 만남은 시종일관 문제해결의 과정이다. 어떤 경우에는 진료와 시술을 통해 환자가 지닌 고통과 불편을 치료(治療)하기도 하고, 또 어떤 경우에는 환자의 삶의 질을 위해 치유(治癒)하기도 한다. 평생교육에서의 자기주도학습은 환자에게 새로운 시술법을 적용한다는 기술자로서의 차원이 아니라, 그 수준을 넘어서서 환자의 상황을 총체적으로 이해하고 그 맥락에 맞는 인술자로서의 태도와 마음 자세를 추구한다. 가르치기보다는 배우려는 용기가 우선시 되어야 하는 이유가 여기에 있다. 평생학습시대 자기주도 배움의 주체는 기술자가 아니라 바로 인술자이기 때문이다.2)

Ⅲ. 위기사회 배움론

1. 들어가며

위기(危機) 속 대한민국이다. 우리 사회는 '위험(危險)'과 '기회(機會)'가 공존하는 사회인 것이다. 우리 사회를 관통하는 최근의 핵심 화두는 '피로사회', '불안사회', '절벽사회', '근시사회', '위험사회' 등과 같은 용어들이다. 지금 우리 사회는 "한 발만 삐끗하면 나락으로 떨어지는 벼랑 끝에 서 있으며, 아무리 노력하고 발버둥 쳐도 한 번 실패하면 바로 절벽 밑으로 떨어질 수밖에 없는 막장사회"인 것이다.

위험사회의 확산은 '포기 세대'의 등장을 야기하기도 한다. 3포 세대, 5포 세대, 7포 세대를 지나 N포 세대까지[3] 청년들을 중심으로 각자의 삶에서 무엇인가를 포기해야 하는 현상이 나타나는 이유는 한편에서 보면 단순하다. 즉, 연애와 결혼을 하려면 경제적 여유가 있어야 하는데 여유가 없다. 출생과 양육을 위해서는 적정한 주거환경과 공간이 있어야 가능한데 이 또한 마련되어 있지 않다. 가정을 꾸미기 위해서는 여성과 남성의 신실한 만남과 서로에 대한 존중과 배려가 동반해야 한다. 하지만 현실은 1인 가구의 증가와 캥거루족의 확산[4] 등으로 답하고 있는 실정이다. 여기에 앞으로 10년 후 한구 사회에 출생할 인구 예측도 매년 35만명 선에 그칠 것이라고 한다.

급변하는 사회 구조 변화의 중심에는 '인구절벽'이 자리하고 있다. '저출생'에 따른5) 인구의 고령화와 소비, 노동, 투자 인력의 감축이라는 인구절벽은 이미 어느 정도 예견되어 있었다. 여기에 전 세계적으로 자국중심주의, 고용 없는 저성장, 4차 산업혁명 등과 같은 대외적인 변화들이 동시 다발적으로 발생하고 있는 실정이다. 이와 동시에, 과학기술의 발달과 기대수명의 연장은 학령기 학습자보다는 성인학습자의 배움 욕구를 충족시킬 수 있는 기회를 제공한다. 또한, 여가와 자기주도적인 삶살이를 추구함으로써 삶의 질, 삶의 결, 삶의 맥을 증진하고 행복한 삶을 실현할 수 있는 도전 요소를 제공하기도 한다.

그동안 고령화와 인구 문제에 대한 지적과 대안 모색은 여러 차례 있어왔음에도 불구하고, 이에 대한 실질적 대안이나 제도적 장치들은 실효성이 부족했던 것이 사실이다. 특히나 인구구조의 변화에 따른 학령인구의 감소는 유·초·중·고교 교육뿐만 아니라 대학 교육에까지 영향을 미치는 위험 요소라고 할 수 있다. 이제는 인구 문제를 즉각적이고 단순하게 해결하려는 반응적 접근(reactive approach)이 아니라 당면 과제의 근본 원인을 해소할 수 있는 새로운 관점과 환경을 만들어내는 주도적 접근(proactive approach)이 요구된다.6) 이러한 위기사회의 인구절벽과 고령화라는 당면 문제를 다시금 재점검하고, 평생배움 차원에서 미래지향적인 실천 과제를 모색할 필요가 있다.

2. 인구절벽: 인구 구조의 변화와 다양성 수용

인구 감소가 심각한 수준이다. 1970년 4.53명이던 합계출산율은 지속적으로 감소해서 2021년 통계청 발표에 따르면, 가임여성 1명

당 0.81명으로 조사되었다. 출생이 저조한 만큼 어르신의 비율은 급속도로 증가하고 있다. 한국 사회는 2009년 전체 인구의 10.7%였던 65세 이상 어르신 인구가 2017년 전체 인구의 14.2%인 711만5천명에 이르러 '고령사회(aged society)'로 진입했다. 2000년 고령화사회(aging society)에 들어선 이후 17년만이다. 이러한 고령화 속도는 전 세계에서도 그 유례가 없다. 2025년에는 65세 이상 어르신이 전체 인구의 20%가 넘는 '초고령사회(super-aged society)'로 진입할 것으로 예측하고 있다. 고령화 속도가 빠른 일본이 1970년 고령화사회에서 1994년 초고령사회로 진입하는데 24년 걸린 것과도 견줄만하다.

가와이 마사시는 저출생의 사회적 영향을 "부부가 아이를 1명만 낳는다는 것은 종이를 절반으로 접는 것과 같다"고 경고한다. 즉, 만약 부부가 1명만 낳으면 종이 면적이 반으로 줄어들고, 그 다음 세대도 또 아이를 1명만 낳는다면 다시 반으로 줄어들어 원래의 1/4이 되고, 계속 절반으로 접어나가면 커다란 전지도 순식간에 손톱만해질 수 있다고 지적하고 있다. Dent가 제시한 인구절벽(demographic cliff)은 '소비, 노동, 투자를 하는 사람들이 사라진 세상'으로서 베이비부머의 은퇴 이후 벌어질 현상을 말한다.[7] 인구통계를 장기선행지표로 사용하여 출생 후 46년 또는 47년이 지난 후 가계소비가 정점에 달할 것이라는 예측에 기반하고 있다. 일본의 경우, 1989년 버블경제 호황 시기에 연도별 출생인구를 보면 1942년에 처음으로 출생인구가 급속하게 늘어났다. 출생인구가 가장 최고점을 찍은 것은 1949년이었는데, 이들이 일본의 베이비부머인 '단카이세대'들이다. 이러한 일본의 사례는 대한민국에게는 또 하나의 반면교사임에 틀림없다.[8]

"동아시아는 글로벌 경제에서 가장 역동적인 지역이지만 상대적으로 인구가 급격하게 고령화되고 있다는 약점을 안고 있다. 대표적으로 한국의 소비 흐름을 보라. 한국은 일본이 22년 앞서 그랬던 것 같은 경제 기적을 이뤘지만, 2010년부터 소비가 정점에 도달해 2018년까지 정점에서 정체됐다가 이후 급격한 인구절벽 밑으로 떨어질 것이다. 이 과정은 일본이 22년 전에 겪었던 것이다. 한국은 에코붐 세대가 거의 없어 일본보다 상황이 더 암담하다(해리 덴트, 2015).”

한편, 인구구조의 변화와 사회경제적 발전의 상호 관계를 고려하지 않은 논의들은 인구구조 변화의 부정적인 영향을 과대평가할 가능성이 있다. 연령구성비의 변화에만 초점을 맞추는 이러한 경향은 고령화의 부정적인 영향을 과장하고, 이에 대한 학문적 탐구와 정책적 대응의 가능성을 좁히는 결과를 가져올 수 있다. 인구절벽에 대한 해결책으로 출산장려금과 같이 사회보장을 강조하는 사회학적, 복지학적 접근뿐만 아니라 노화에 따른 인지적, 신체적 기능의 둔화, 이로 인한 소외와 고독, 질투와 집착, 상실감 등과 같은 심리학적 접근, 이를 다양한 스포츠 여가 활동으로 완화하기 위한 체육학적 접근까지 다양한 논의가 진행될 필요가 있다.

인구절벽 시대에 대한민국 사회가 봉착할 미증유의 미래 트렌드로는 '여성시대, 남성거세, 생활독신, 실업빈곤, 미래불안, 비용압박, 인생득도, 도시집중, 노인표류, 평생근로' 등의 10가지를 들 수 있으며, 이를 풀어나갈 대안으로는 구조개혁을 제시하고 있다. 법률개정부터 시작해서 계약 관행, 국민의식 등을 인구구조의 변화와 경제성장의 지체에 맞춰 새롭게 검토하자는 주장이다.

인구 감소라는 공포는 전 세계적으로 팽배하다. 인구가 감소하면 내수가 줄어 경제는 절벽 아래로 떨어지는 꼴이 된다고 비유한다.

인구절벽을 맞닥뜨린 인구위기론에서 단골로 거론되는 나라가 일본과 한국이다. 인구위기론 극복의 시금석에 해당하는 나라는 독일이다.9) 독일은 지금까지 인구위기론을 무색하게 하며 성장해왔다. 독일은 생산가능인구의 감소에 대응하면서 충격을 완화해왔다. 이민자를 적극적으로 받아들였고 여성의 경제활동 참여를 늘렸으며, 제도와 작업환경을 고쳐 65세 이상 인력이 계속 산업현장에서 근무하도록 했다. 이런 대응을 고려할 때, 독일은 앞으로도 생산가능인구가 줄어드는 문제를 해소해나갈 수 있을 것으로 보인다.

저출생으로 대표되는 인구구조의 변화 문제를 해결하기 위해서는 근본적인 제도 개선과 함께 일과 육아의 양립을 지원하는 사회 문화 조성과 동시에, 나와 다른 이를 함께 바라보고 포용하는 인식의 확대가 중요하다. 출생 아동에 대한 경제적 지원도 필요할 수 있겠지만, 그보다도 먼저 아동과 가족을 포함한 모든 인간 존재를 소중하게 바라보는 사회적 시선과 제도적 정비가 더 중요하다. 스웨덴이 세계 최초로 부모의 체벌을 법을 통해 금지할 수 있었던 것은 사적 해결이 아닌 사회적 해법을 도입했기 때문이다. 즉, 가족 내 문제를 부모가 알아서 처리하라는 방식이 아니라, 법이라는 사회적 해법을 도입하고 개인의 자율권을 보장하는 방향으로 정부 제도와 사회 분위기를 만들었기에 가능했던 것이다.

1930년대 당시 유럽 국가들은 산업화와 불황의 결과로 저출생 문제를 겪었다. 많은 유럽 국가들은 저출생 문제를 더 전통적인 가족 유형으로의 회귀로 해결하고자 했다. 결혼 여성의 일할 권리를 줄이고 피임을 금지함으로써 저출생 문제의 해결을 기대했다. 예를 들어, 이탈리아의 무솔리니는 '출산 전쟁'을 선포하고 남자는 전쟁터로, 여자는 '출산터'로 가야 한다고 강조했다. 그러나 무솔리니의 출산 전쟁은 실패했다. 결혼비율은 늘지 않았고 출산율은 오히려 줄었다. 이에 비해, 스웨덴은 다른 길을 걸었다. 즉, 자발적 부모되기, 양성평등, 아동권리의 실현 등을 위한 국가적 차원의 지원체제 구축이 스웨덴 가족정책의 핵심을 이루고 있다. 그 결과, 스웨덴의 합계출산율은 인구 수준을 유지할 수 있는 2.0명 안팎을 기록하고 있다.

3. 고령화: 인적자원 개발과 활용의 기회

대한민국의 급속한 고령화는 위험 요소임에 틀림없다. 하지만 이는 대한민국만의 문제는 아니다. 주요 선진국은 이미 고령화사회에 진입했고 향후 20-30년간 지속될 것이다. 전 세계적으로 저성장, 세대간 갈등, 국수주의, 4차 산업혁명, 의료과학기술혁신 등 많은 변화들이 동시다발적으로 일어나고 있다. 이러한 움직임은 사회 체제의 변화 과정에 적응하려는 자본주의와 민주주의의 속성일 수 있다. 그리고 그 근원에는 생산과 소비, 투표권을 가진 고령층 인구의 증가가 있다.

세계보건기구(WHO)의 2016년 통계에 따르면, 2050년이 되면 5명 중에서 1명은 60세 이상의 나이가 될 것이라고 예측하고 있다. 미국의 <이코노미스트(Economist)>에 따르면, 65세 이상의 인구가 15-64세 인구에 의존하는 '노령인구의존비율(old-age dependency ratio)'이 2015년 13%에서 21세기 말에는 38%까지 늘어날 것이라는 전망이다. 인간 각자의 존엄성과 평등함을 누리고 잠재된 가능성을 실현할 수 있는 건강한 배움 사회를 만들기 위해서는 고령화에 따른 국가 경제 부담 증가, 노인 빈곤과 무연사(無緣死) 확산, 어르신 소외

문제 등에 대해 관심을 가져야 한다.

먼저, 고령화는 생산가능인구가 줄어드는 것을 뜻한다. 말하자면, 노동투입요소는 줄어들고 피부양 인구는 늘어남에 따라 저축은 줄고 가계 경제는 어려워지는 악순환을 겪게 된다. 가계의 부담은 결국 국가 경제에도 악영향을 미칠 수밖에 없다. 어쩌면 지금과 같은 승자독식의 무한경쟁을 넘어서는 새로운 관점으로의 전환이 필요할지도 모른다. 말하자면, 정규직과 비정규직, 대기업과 중소기업, 대형마트와 골목상권 등이 함께 상생하며 공존할 수 있는 경제 패러다임의 전환과 동시에 정치 시스템 및 사회 문화 패러다임의 변화가 절실하다.10)

> "급속한 고령화로 평균수명 100세 시대가 다가오고 있는데 50줄도 안 돼 직장에서 쫓겨나는 선배들을 보면 잠이 잘 안 옵니다." 한국의 대다수 직장인은 자녀가 대학에 들어가 돈이 제일 필요할 때 직장에서 쫓겨난다. 남은 재산이라곤 아파트 한 채와 퇴직금이 전부. 겁은 나지만 나이는 아직 젊고 돈 쓸 일은 많을 때다 보니 퇴직금과 아파트를 밑천 삼아 자영업에 뛰어드는 게 일반적이다. 하지만 자영업은 구조적으로 십중팔구 망할 수밖에 없다(고재학, 2013)."

고령화는 또한 노인빈곤과 독거노인이 늘어나는 문제를 동반한다. 독거노인 중 상당수가 최저생계비 지원은 고사하고 응급사태가 발생해도 구조 받지 못하는 상황에 있는 것이 현실이다. 전통적인 가족 형태가 해체되고 어르신을 봉양하는 관습이 사라지면서 자녀들이 과거처럼 나이 든 부모를 모시고 살지 않는다. 이는 대부분의 인간관계가 끊긴 상태에서 혼자서 죽음을 맞이하는 무연사(無緣死)로 이어질 수 있다.11)

"누나는 남동생의 죽음을 모르고 계속 전화를 걸었다. 당시의 상황을 생각하면 마음이 너무 안타까워진다. 누나가 부재중 전화 녹음을 남기고 있고 그 말이 흐르는 중에 다테야마 씨는 혼자 사는 방바닥에 쓰러져 죽어 있었던 것이다. 담담하게 이어지는 유품 정리 작업. 그리고 그 가운데 흐르는 메시지. 차례차례로 다테야마 씨가 살았던 증거가 정리되어 가는 현실과 누나가 남동생에 말을 걸었던 과거의 메시지. 무연사의 심각한 현실을 더욱 부각해서 보여주는 것처럼 느꼈다(엔에이치케이(NHK) 무연사회프로젝트팀, 2012)."

인구 고령화는 기업 입장에서 보면 고객의 고령화다. 기업에게 있어 고령화는 위험요소인 동시에 기회요소이기도 하다. 고객층의 변화라는 위험에 따른 새로운 서비스 상품을 개발할 수 있는 기회가 되기 때문이다. 일본의 경우, 편의점 업체에 시니어 살롱 개념을 도입해 동네 사랑방 역할을 담당하게 했다. 대형 쇼핑몰에서는 시니어를 위한 강좌와 공동체 모임을 활성화하는 서비스를 제공하고 있다. 또한, 고령화에 따라 친환경 생태공간의 확보가 중요하게 대두되고 이는 고령친화도시와 스마트시티의 등장을 기대하게 한다.

고령화가 진행됨에 따라 보건의료비와 주거비 등 개인과 가계의 지출 확대는 피할 수 없다. 이를 위해 사회복지 차원의 부담을 완화하고 고령친화산업을 육성하는 등의 대책이 추진된다. 예를 들어, 산업별 노동수급을 전망해서 노동력의 산업간 불일치를 해소하는 동시에 원활한 이동을 추진할 수 있다. 보건의료비 부담을 줄이고 노인 빈곤층을 해소하기 위한 제도의 정비도 필요한 방법이다. 고령화가 진행되면서 고령친화산업의 성장 여부에 따라 경제성장률이 영향을 받을 것이므로 고령친화적인 주택과 요양서비스, 금융자산관리서비스, 정보기기서비스, 여가관광 및 건강지원서비스 분야 등 새로운 성장 산업을 육성하고 소득증가와 소비증대의 선순환 고리를 마련할 수 있다.

"평균 수명은 의학자들이나 통계학자들이 정해놓은 경계선을 부술 것이다. 정치가들은 증권 시세를 볼 때처럼 숨죽이고 평균 수명의 곡선을 연구해야 한다. 지금 당장 암과 당뇨, 심장병, 뇌졸중이 사라진다 해도 인간의 평균 수명은 상대적으로 미미한 15년 정도밖에는 늘어나지 않을 것이다. 하지만 노화를 조금만 지연시키는데 성공한다면 115세 이상의 노인을 보는 게 드문 일은 아닐 것이다(프랑크 쉬르마허, 2005)."

사회의 고령화(population aging)는 다양한 원인에 의해 이루어진다. 그 가운데서 대표적인 요인이 인구의 저출생이다. 합계출산율이 낮아지고 출생하는 신생아 수가 줄어들어 발생하는 상대적 고령화와 더불어, 과학의료기술의 발달과 평균기대수명의 연장으로 인해 고령인구 자체가 증가하는 절대적 고령화를 함께 파악하고 분석할 수 있어야 한다. 이제 고령화를 포함해서 노화(aging)에 대해 새롭게 정의할 필요가 있다. 나이가 들어서 능력이 쇠퇴하는 퇴보와 지체의 시각에서 벗어나 풍부한 경험과 지혜를 바탕으로 다양한 선택을 할 수 있는 인적자원개발과 활용이라는 여유의 시각으로 바라볼 필요가 있다. 고령화는 위험이면서 동시에 기회이기 때문이다.

4. 나가며: 위기 속 배움의 품격과 아비투스

배움은 인간의 성장과 변화를 의미한다. 모든 인간에게는 스스로 성장하도록 도와주는 배움의 본능이 내재한다. 배움 본능은 인간 스스로 개조(reformatting)하고자 하는 에너지를 만들어낸다. 배움을 통한 변화는 단순한 생물학적 성장(growth)을 넘어서는 심체적(心体的) 성숙을 포괄한다. 이러한 배움은 지금 상태보다 한 단계 혹은 여러 단계가 높은 의미의 전환 상태로의 이동을 의미한다. 말하자면, 배움을 통한 발달은 성장이나 기능 분화의 위계가 한 단계 높아진 상태를 향한 자연스러운 에너지 이동이라 할 수 있다.

배움학은 배우는 사람 스스로 삶의 질과 삶의 결, 그리고 삶의 맥을 높여주고 다듬어주고 길러주는 활동이다. 배움의 아비투스(habitus)는 지성적 덕이다. 예술, 과학, 이해, 예지 혹은 일종의 덕성으로 간주되어 왔던 아비투스는 사람이 지녀야 할 됨됨이, 자질 등과 같은 품(品)을 말한다. 품은 습속, 습관, 관습, 격(格) 등의 의미를 아우른다. 미래는 양(量)의 시대를 지나 질(質)의 시대를 넘어 격(格)의 시대로 전환을 기대하고 있다.

"격(格)이란 비싸고 화려하고 잘난 것의 여유가 아니라 작고 소박하지만 저마다의 성숙함과 여유로움에서 되찾는 것이다. 인간이 동물과 다른 것은 자극에 대해 반응을 한 템포 늦출 수 있다는 점인데, 언젠가부터 동물보다 더 쉽고 빠르게 흥분하고 격해지는 존재가 되어 버렸다... 바야흐로 격의 시대를 예고하는 신호탄이 오른 것이다. '격'이란 바로 인간이기 때문이다. 미래를 준비한다는 것은 격을 갖춘다는 것이고, 격을 갖춘다는 것은 바로 '인간'으로 돌아가는 것이다. 잊고 있던 나를 찾고, 인정하고 자부하며 성숙되는 여유로운 삶을 찾자는 것이다... 거꾸로 말하자면, 격을 갖추지 않은 미래는 의미가 없다는 뜻이다(김진영, 2016)."

일상적이고 실천적인 배움을 통해 익히고 체화된 품격은 인간에게 삶의 기회와 체계를 만들어주고 서로 사회적, 문화적, 교육적으로 구별할 수 있는 기준을 제공한다. 일상적인 삶살이에서 매일같이 벌어지는 사회적, 문화적, 교육적 갈등은 삶을 건 투쟁과 비슷하다. 이런 투쟁에서 살아남는 배움만이 사회문화를 이끌어가는 아비투스로 존재하게 된다. 배우는 사람이 배움활동에 참여했다고 해서 예지일탈력이 길러지는 것은 아니지만, 노력 여하에 따라서 문화적인 배움의 품을 지닐 수는 있다. 그런 일상적인 배움활동의 지속적인 실천 속에서 배움의 속성이 보다 더 뚜렷하게 드러나는 아비투스를 가질 수도 있다.

"물을 땅이라 생각하고, 물을 옷이라 생각하고, 물을 내 몸이라 생각하고, 물을 내 마음이라 생각하리라. 여기가 핵심이다. 물과 땅, 물과 옷, 물과 몸, 물과 마음, 이 사이를 가로막는 적대적 이분법을 넘어 혼융이 일어나는 순간이다. 그 때 온몸에 퍼지는 자유와 해방감, 이 파동이 곧 도(道)이고 지혜. 삶에는 목적이 없지만 방향은 있다. 연암이 도달한 이 경지가 바로 그것이다. 누구든 이 경지를 향해 나아가야 한다. 비우고 내려놓고 교감하는! 그 지평선을 향해 나아가는 것이 삶의 진수다. 오직 그뿐이다! 그리고 이럴 때 비로소 삶이 제 모습을 찾을 수 있다(고미숙, 2018)."

미래의 불확실한 거대 변화 속에서는 스스로의 삶을 주도적으로 영위하는 배움의 인재가 중요하다. 이런 관점에서 배움학은 배움의 인재 스스로에게 의식과 각성, 비움과 내려놓음, 그리고 일상적인 삶의 개조를 향한 배움의 동기를 준다. 이는 인간의 배움활동이 배우는 사람으로 하여금 갈라지고 흩어지기 쉬운 자신에게 하나의 중심을 잡고 다시금 이어내고 펼쳐갈 수 있게 도와주기 때문이다. 배움의 품격을 온전히 얻어갈 수 있게 만들어 주는 평생배움사회는 각자의 배움을 통한 공동체의 평등 실현에 보다 적극적으로 기여하는 사회이며, 채우고 비우고 쉬고 나누며 서로 상생하는 자유로운 세상이다.

"행복이라는 말에서 먼저 중요한 말은 다행할 행(幸)이고 행(行)스러워야 될 행동입니다. 다행할 행(幸)자는 '걷다', '나아가다', '흐르다', '일하다', '실천하다'라는 뜻을 담고 있는 갈 행(行)자와 그 뜻의 맥을 같이 하고 있습니다. 노력이 없으면, 노력하지 않으면, 고초나 어려움은 그냥 고초나 어려움으로 남아 있게 된다는 점에서, 다행할 행(幸)자는 노력할 행(行)자와 뜻을 같이하고 있습니다. 움직일 행(行)자는 '다듬어 세운다'라는 뜻을 지니는데, 자축거릴 척(彳)과 재촉거릴 촉(亍)으로 구성됩니다. 행(行)자는, 우리 머릿속으로 그릴 수 있음직한 모습, 그러니까 왼쪽 다리는 절면서, 오른쪽 발은 깡충거리면서 앞으로, 앞으로 힘들게 걸어 나아가는 그런 모습을 드러냄으로써 어려움을 이겨나가며 노력한다는 뜻을 상징적으로 담고 있습니다. 다행하려면 다행하도록 노력해야 합니다. 살아있으려면, 살아내려면 살아내려는 노력이, 그리고 나름대로의 살아냄의 고통이 따르게 마련입니다 (한준상, 2017)."

지금 이 시대는 절벽사회, 근시사회, 피로사회, 위험사회다. AI로 대표되는 4차 산업혁명의 확산으로 무한변화와 불확정성이 확정된 시대다. 포스트 코로나 시대에 확실하게 '정해진 미래'라고는 단지 모든 것이 불확실하다는 사실만이 확실할 뿐이다. 이런 시대 환경 속에서 평생 배우는 존재들이 해야 할 일은 어쩌면 아주 단순할 수 있다. 말하자면, 배우는 것이다. 배우고 또 배우고 다시 배우는 일이다. 배운다는 것은 하루하루 숨 쉬며 사는 것이다. 그 어떤 거창한 목표를 향해 줄기차게 진력하는 것이기도 하겠지만, 어쩌면 오늘 하루, 지금 이 시간에 최선을 다해 '살아있는' 것이고 '살아내는' 것이며 '살아나가는' 것이다. 하루하루 숨 쉬면서 각자의 행복을 향해서 '살아가는' 것이고 '살아주는' 것이다. 디지털 대전환(digital transformation) 시대의 다종다양한 교육방법과 공학기술의 발달은[12] 그것이 배움의 본성을 타고난 인간 각자의 배움력을 드러내고 서로 신뢰하며 더불어 살아가는데 도움이 된다면 그 무엇이든지 좋다 (Anything goes)![13]

2장 배움 인간론

Ⅰ. 전인 배움론
Ⅱ. 청소년 배움론
Ⅲ. 어르신 배움론

Ⅰ. 전인 배움론: 페스탈로치 인간존재론

1. 들어가며: 위기의 교육 사회, 기본으로 돌아가라

교육이 위기다. 드라마 <더 글로리>를 필두로, 하루하루 보도되는 교육 관련 사건들은 우리 사회가 직면한 교육문제의 수위가 그 임계치를 넘어섰음을 보여주고 있다.14) 학교폭력과 집단따돌림 사건, 성적을 비관한 자살 사건, 등록금에 대한 부담에서 벗어나고자 삶을 마감한 사건, 치솟듯 늘어가는 사교육비 문제,15) 체벌 문제로 인한 교실의 혼돈, 천태만상 졸업식 상황 등 교육문제라는 이름으로 벌어지는 다종다양한 사건들은 우리 사회가 교육을 무엇으로 정의하고 있는지 그 수준을 여실히 보여주고 있다. 인간의 탐욕과 욕심이 부른 소유욕, 과도한 경쟁과 개발로 인한 인간성 상실 등 인간과 사회와 교육 사이의 관계망이 위기에 봉착해 있음을 드러내고 있다.

위기(危機) 속에는 위험(危險) 요소와 기회(機會) 요소가 공존한다. 말하자면 겉으로 드러나는 표면적인 위험 요소들 속에서 보이게 보이지 않게 새로운 기회 요소가 촉발의 계기를 기다리고 있다. 그 기회 요소를 여하히 긍정적으로 전환시키느냐에 따라 교육이 맞닥뜨린 악순환의 고리를 선순환으로 유도할 수 있는 계기를 마련할 수 있다. 기회 요소를 찾는 여러 대안들 가운데 가장 원론적인 방법 중의 하나가 바로 '기본으로 돌아가는 것(Back to the Basic!)'이다.

혼란에 빠져들었을 때는 기본으로 돌아갈 필요가 있다. 혼탁한 교육 현실 속에서 방향을 잡아줄 교육의 기본으로는 페스탈로치(Johann Heinrich Pestalozzi)가 제격일 수 있다.16) 페스탈로치는 그동안 고아의 아버지, 아동들을 사랑하는 훌륭한 교육자 정도로 인식되어 왔다. 하지만 페스탈로치는 단순히 좋은 교육자를 넘어서는 위대한 교육실천가면서 탁월한 교육이론가인 동시에 사상가이자 철학자이다. 페스탈로치는 직관과 자율, 조화의 원칙을 바탕으로 자기 성찰을 수행한 인물이다. '교육의 아버지' 페스탈로치는 현대 교육의 신기원을 이룩한 인물이다. 말하자면, 기존의 교사중심 교육을 학생중심 교육으로, 지식중심 교육을 생활중심 교육으로, 암기중심 교육을 계발중심 교육으로, 직업준비를 위한 기능훈련의 교육을 인격각성의 교육으로, 특히 귀족중심 교육을 민중중심 교육으로 전환시킨 교육사상가이자 교육실천가다.

페스탈로치는 자신의 사명을 '빈민을 그 인간성을 황폐화시키지 않는 방법으로 구제하고 그의 내재적인 여러 능력을 계발하여 그들이 어떤 처지에서도 자활할 수 있게 하고, 어린이 각자의 여러 능력이 기업이 요구하는 기술에 치우쳐 시들지 않게 고루 계발하여 자신의 발전과 국가의 번영에 기여케 하고, 경제적 자립을 가져올 능력의 훈련을 빈민층에 있어서도 높은 정신력과 심정력의 도야에 결부시킨다'고 다짐하였다. 이처럼 페스탈로치가 시공을 초월해서 지속적으로 관심을 받는 이유는 그의 교육사상과 교육원리 자체가 아동교육, 가정교육, 학교교육, 사회교육, 직업교육, 민중교육, 전인교육 등 교육의 전 분야에 걸쳐 두루 영향을 끼치고 있기 때문이다. 또한 지금의 교육위기를 극복할 수 있는 대안이 새로운 기술과 기법의 제안과 같은 대증적(對症的) 치료(treatment)에 의해서가 아니라, 교육의 고전(古典)으로부터 새로운 영감과 직관을 얻어 보다 근본적인 자생적 치유(healing)를 통해 드러날 수 있다는 기대와 확신 때문이기도 하다. 머리(head), 가슴(heart), 몸(hand)으로 대표되는 페스탈로치의 '삼육론(三育論)'은 지(知), 덕(德), 체(體)의 온전한 조화와 균형을 추구하는 전인적 성격을 지니고 있다. 이는 현재 우리 사회가 직면하고 있는 정형화된 교육에 대한 실질적인 문제제기와 함께, 아동교육부터 지역사회교육에 이르기까지 평생배움의 철학적 기반과 실천적, 방법적 대안을 제시해 줄 수 있다.

2. 페스탈로치 교육사상과 전인적 인간배움론

인간은 무엇인가? 왜 배워야 하는가? 굳이 인간에게 교육이 필요한 이유는 무엇인가? 이는 인류가 출현하면서 멈추지 않고 드러나는 실존적 질문이다. 삶과 죽음 사이의 고뇌와 갈등, 생존과 행복, 가난과 부유 등 삶에 대한 이해와 포용 정도의 서로 다름에 대한 고민이 삶에 대한 애착과 동기를 부여한다. 서로 다름의 차별성은 인간 존재가 태생적으로 독자적인 배움 본성을 타고난 데서 기인한다. 독립된 각자성(各自性)이 인간으로 사는 이유, 일하는 즐거움, 희로애락의 부침(浮沈) 등을 설명해주는 근거가 된다.

페스탈로치는 이러한 인간의 본질과 가능성에 대한 근원적 질문을 가지고 교육을 구상하고 실천한 이론가이며 사상가라고 할 수 있다. 단순히 '사랑의 교사, 고아의 아버지' 정도의 수식어로 페스탈로치를 칭송하는 수준에서 머무르는 데는 한계가 있다. 페스탈로치가 사랑의 실천가를 넘어서서 교육사상가, 교육이론가로서 교육에 끼친 영향은 그의 세계관, 인간관, 교육관 등을 통해서 살펴볼 수 있다.

1) 페스탈로치의 자연주의 세계관

페스탈로치는 루소(Rousseau)에게서 영향을 받아 자연주의 세계관을 주창하였다. 루소는 <에밀(*Emile*)>의 처음을 "만물을 창조하신 하느님의 손을 떠날 때 모든 것은 선했으나 사람의 손에 옮겨지게 되자 타락하고 말았다"라고 시작하면서 자연인(自然人)을 이상적 인간상으로 추구하였다. 자연인은 인간 사이의 대립이나 갈등을 극복하는 인간의 모습이다.

페스탈로치는 자연을 타락한 자연과 타락하지 않은 자연으로 구분하여, 단순하고 무해하며 편리한 감각적 쾌락을 추구하면 타락하지 않은 자연인이고, 감각적 쾌락에 이미 자유가 없고 단순하지 않고 동물적 호의도 사라지면 타락한 자연인이라고 불렀다. 또한 자연인을 위한 교육을 두 가지로 제안했는데, 하나는 아동기까지의 감성교육이고 다른 하나는 그 이후 청년기까지의 이성교육이 그것이다.

감성과 이성은 서로 독립되거나 배타적인 관계가 아니다. 다만 발달단계에 있어서 감성이 이성에 앞서는 과정임을 인식하면 된다. 감성은 이성 발달의 기초이고, 이성은 감성의 성숙 과정이 없으면 올바른 방향으로 완성하기 어려운 필연적인 협력관계를 이룬다. 결국, 자연인은 감성과 이성을 그 발달단계에 따라 적절하게 교육받은 사람이라고 할 수 있다.

페스탈로치에게 있어서 자연은 단순한 물리적 차원의 자연환경을 의미하는 수준의 것이 아니다. 페스탈로치에게 자연은 인간 본성의 내면적이고 정신적인 힘을 의미한다. 인간이 가진 기본 소양 자체가 하나의 자연의 질서이기에 자연(自然)만이 올바른 인간을 길러낼 수 있다고 믿었다.

2) 페스탈로치의 인간관

페스탈로치는 <은자의 황혼>에서 '왕좌에 앉아 있거나 초가지붕 밑에 살거나 인간은 평등하다'는 것을 밝히고 있다. 페스탈로치에게는 인간의 본질을 탐구하는 것 자체가 최고의 과제였다. 말하자면, 인간은 외부에서 인공적으로 그려져야 할 백지(tabula rasa)가 아니다. 또 외부로부터 뭔가를 채워 넣어야 할 빈 그릇도 아니다. 인간의 본성은 삶을 처음 시작하는 순간부터 하나의 영원한 법칙에 의하여 스스로 발전하는 여러 힘의 총화다. 이런 선천적이고 내재적 힘은 우선 어머니의 충실한 양육에 의하여 도야된다. 페스탈로치는 이 힘을 어머니에게서 슬기롭게 도야 받음으로써, 인간에게 가장 중요한 사랑, 순종, 신뢰, 헌신의 정신을 배웠던 것이다.

페스탈로치는 인간의 본질을 크게 세 가지로 구분하고 있다. 즉, 자연적인 것과 사회적인 것, 도덕적인 것이 그것이다. 자연적 본질은 인간이 아직도 동물과 다르지 않으며, 거칠고 충동적이며 선악이 분화되지 않은 자연 상태를 말한다. 사회적 본질은 인간의 욕망과 이기심에 의해 발생되는 일들을 법으로 규제하는 상태로서, 이런 사회는 아직은 정의롭지 않으며 법률에 의해 구속된 사회다. 도덕적 본질은 인간 스스로 자유롭고 도덕적인 자아를 발견하고 추구해 나가는 상태를 말한다.

페스탈로치에게 있어서 인간이 지향할 가치는 도덕적 수준에서 보다 더 자율적이고 정신적인 것을 찾는데 있다. 인간은 본성적으로 정신적이고 지적인 힘과 도덕적이고 종교적인 힘과 육체적이고 감각적인 힘을 조화롭게 발전시켜 나가려고 노력한다. 교육은 이런 지덕체(智德體)의 공존과 상생을 통해 도덕적인 본질로 나아가는 자연스러운 과정을 의식적으로 조정하는 정신활동이라고 할 수 있다.17)

3) 페스탈로치의 교육관

페스탈로치는 루소 등 이전 시대 철학자들과 교육사상가들에 대한 연구를 바탕으로 가정 중심 교육이론을 제시하였다. 페스탈로치는 인간에게 있어서 가정에서 이루어지는 관계가 가장 중요하며, 이것이 가장 확실한 최초의 자연적 관계임을 직시하였다. 페스탈로치는 가정, 특히 어머니와 자녀와의 관계에서 교육이 시작된다고 보았다. 말하자면, 어머니가 자녀를 품에 안는 순간부터 자녀를 훈육하며 함께 배우는 것이고, 그 속에서 사랑과 믿음과 감사가 자녀들에게 싹트게 됨으로써 교육의 근본을 이루게 된다. 특히, 페스탈로치는 오랜 전란으로 생겨난 빈민들과 고아들을 보면서 가정의 중요성을 절감하였다. 가정의 평안과 행복이야말로 가장 근본적이고 자연적이라고 생각했던 것이다.

또한, 페스탈로치는 가정교육의 중요성뿐만 아니라 사회의 개조가 중요함을 직시하였다. 학교교육이 일정 연령대 아동들과 청소년들이 유사한 발달단계에 따라 일정 장소에서 정해진 교과내용을 조직적이고 계획적으로 전달 전수하는 과정이라면, 사회에서의 교육은 다양한 발달단계에 있는 사회구성원들이 각자의 필요와 요구에 맞는 내용을 필요한 시간에 편리한 장소에서 자기주도적으로 계발해 나가는 과정이라고 할 수 있다.

페스탈로치는 교육을 통하여 인간의 존엄성을 회복시키려 하였다. 이러한 회복은 사회의 개조와 더불어 인간의 개조가 병행되어야 한다고 생각하였다. 사회개조를 위한 다양한 저술 활동과 함께 인간을 개조하기 위해서 직접 학교를 세워 운영하였다. 페스탈로치는 끝까지 사람들을 신뢰하였다. 이는 그가 인간의 가능성을 믿었기 때문이었다. 어떠한 사람도 교육과 배움의 기회가 주어진다면 개선될 수 있다고 생각했기에, 교육에 대한 전형적인 낙관주의자였다.

페스탈로치에게 있어서 사랑은 인간을 가장 인간다운 모습으로 살아갈 수 있도록 도와주는 신의 계시이며 실천의 모티브였다. 교육은 이러한 사랑의 대표적 실천과정이다. 교육을 통하여 페스탈로치는 복잡한 세계 속에서도 인간을 잃지 않는 사람들을 길러내고자 하였다. 이런 측면에서 볼 때, 페스탈로치가 세계 최초로 교사 조직을 결성한 이유도 바로 위로부터의 교육이 아닌 아래로부터의 교육을 실천하기 위한 목적이라고 할 수 있다. 페스탈로치에게 있어서 교육은 가정과 학교, 사회에게 각각 분리되어 이루어지는 활동이 아니다. 정신적 교육, 기술적 교육, 도덕적 교육이 서로 융합하여 지덕체(智德體)의 삼위일체를 추구하는 것이 페스탈로치가 구상하는 전인적 인간교육이고 전인 배움의 실천인 것이다.

3. 페스탈로치 교육사상의 전인 배움론

페스탈로치의 교육사상은 가정을 중심으로 부모와 자녀와의 돈독한 관계가 바탕이 되어 학교에서는 교사와 학생간의 관계, 사회에서는 각 구성원 상호간의 건전한 관계맺음으로 확장되었다. 페스탈로치는 교육을 가정교육, 학교교육, 사회에서의 교육이라는 세 가지로 분류하여 모든 국민들의 덕성교육으로 정립하였다. 이러한 국민문화 도야론이 평생교육론으로 발전한 것이다. 모든 이를 위한 열린 교육, 사회 구성원 각자의 주체성을 살려내는 자기주도성, 다양성과 다름이 존중되는 다문화교육 등 평생교육의 원리 속에는 페스탈로치의 전인교육, 탈학교교육, 민중교육, 인간교육의 논리가 펼쳐져 있다.

1) 모든 이를 위한 열린 교육: 교육 대상과 방법의 확장

페스탈로치는 교육을 사회혁신을 위한 대안으로 파악했다. 페스탈로치는 교육은 무조건 좋은 것이며 모든 문제의 해결책이라는 교육만능론을 배제하였다. 또한 교육은 사회의 불평등을 조장하며 인간 소외를 불러일으키기에 불필요하다는 교육무능론도 배제하였다. 페스탈로치는 "교육은 사회라는 고리 줄의 고리 하나에 지나지 않는다. 이 고리는 서로 다른 고리와 엮어져 있는데, 종래의 교육자들은 교육이라는 고리 하나만을 고리 줄에서 떼어 내어, 이것을 은과 금으로 장식하여 반짝이게 하였다"고 지적하면서 교육의 실질적 쓰임새를 강조하였다. 이렇듯 쓰임새 높은 교육의 활용 공간은 가정과 학교와 사회를 포함한 전인적인 배움의 공간이다. 이와 동시에, 페스탈로치는 '직관 없는 개념 세계에 매몰된 인공적 질식기계'와 같은 학교교육의 한계를 지적하면서 전인교육과 체험학습을 역설하였다.

페스탈로치에 의하면, 학교교육은 대다수의 서민과 최하층의 민중에게는 아무런 쓸모가 없는 것이다. 교육은 3층으로 된 거대한 건물과 같아서 최상층에는 좋은 시설에 몇 사람밖에 혜택을 받지 못하고 있고, 중층에는 비교적 많은 사람이 있지만 위층에의 길이 막혀 있고 아래층 사람들과의 교제의 길도 막혀 있다. 최하층에는 국민 절대 다수 무리들이 동물처럼 살고 있으며 폭력으로 짓눌림 당하고 있다. 학교는 아이들이 학교에 들어가기가 무섭게 그들을 문자의 세계로 끌고 감으로써 '직관 없는 개념의 세계에 가두어 두는 인공적 질식기계'와 같다고 보았다. 페스탈로치는 이런 학교를 버리고 눈으로 보고 손으로 만지며 생활에서 체험할 수 있는 교육내용을 제시할 수 있는 교육방법을 모색하였다.

페스탈로치는 당시 상류층의 전유물이었던 교육을 일반 대중에게까지 확대시켜 나갔다. 교과서로 정해진 교육의 내용 또한 일상생활에서 느끼고 경험하는 삶살이 자체로 확장시켜 나갔다. 이는 인간 각자의 신분과 역할에 따라 서로 다른 삶의 양태가 있지만, 그럼에도 불구하고 모든 인간이라면 누구나 기본적으로 '완전한 인간으로 교육될 필요'가 있음을 지적하는 것이다. 말하자면, 모든 사람이 각자의 특수한 신분에서 살고 생활하고 활동하지만, 우선은 모든 측면에서 발달된 인간으로 교육되어야 한다는 것이다. 페스탈로치는 모든 이를 위한 인간교육이 모든 사회 구성원에 대한 의무임을 직시하면서, 누구나 언제나 어디서나 각자 자신이 원하는 배움 활동을 실천해 나갈 수 있는 평생학습사회의 근간을 제시하였다.

2) 자기주도성: 인간 주체의 자기성찰

평생 배움의 시대에는 배움의 목표와 내용, 방법, 그 결과에 대한 평가에 이르는 전체 과정을 배우는 이 스스로가 계획하고 실행하고 평가하는 자기성찰 과정이 필수적이다. 평생학습사회의 배우는 이는 가르치는 이와 대비되는 존재가 아니다. 오히려 가르치는 이를 포함하는 포괄적인 개념이다. 말하자면 교수자와 학습자가 서로 구분되어 따로 존재하는 것이 아니라 교수자이면서 동시에 학습자, 학습자이면서 동시에 교수자인 교수학습자, 학습교수자 모두가 평생 배우는 이인 것이다.

가르치는 이와 배우는 이를 엄밀히 가르고 구분하는 이분법적 사고도 이제 더 이상 적합하지 않은 생각이 되었다. 교수자와 학습자를 포함한 모든 이들이 평생토록 자신의 학습을 주도하고 공부를 관리하는 평생학습자이자 지식의 생산자이며 동시에 소비자가 되어야 하는 것이다. 평생을 새로운 것을 접하고 다시금 익히고 더 새롭게 만들어 나가는 평생학습자라는 인간관이 인간의 삶을 이해하는 중요한 인식의 틀이 되었다. 평생학습사회가 보다 안정적으로 구축되기 위해서 특히 중요한 것은 국민 각자가 주도적으로 자신의 배움을 관리할 수 있어야 한다. 자기주도적으로 배움을 관리할 수 있는 능력은 열린교육 평생학습시대를 살아가는데 있어 가장 핵심적인 능력이라 할 수 있다.

페스탈로치는 인간 내면 깊은 곳에 내재된 자율적 본성을 믿었다. 이런 측면에서 볼 때, 페스탈로치가 교수자와 학습자라는 역할의 기능적 구분을 넘어서서 인간 존재의 자기주도성과 자기주체성을 존중했다는 점은 의미가 있다. 다시 말해서, "인류에게 온갖 순수한 축복을 주는 힘은 기교나 우연히 주는 선물이 아니며, 그 힘이 될 기본적인 소질은 모든 인간의 본성 깊은 곳에 놓여 있기에, 이것을 완성시키는 것이 인류의 일반적인 욕구이다. 인간의 본성에 있는 여러 힘은 순수한 인간의 지혜로까지 길러지고, 이것은 가장 천한 사람들에게까지도 교육의 일반적 목표가 되어야 한다"는 페스탈로치의 주장은 포스트 코로나 평생학습시대에 더욱 설득력 있게 적용될 수 있다.

평생학습사회는 문제 상황에 대해 수동적으로 대응하는 문제해결 사회를 넘어선다. 오히려 문제가 발생하기 전에 문제를 예측하고 그 해결 대안을 능동적으로 마련하는 문제유추사회, 문제발굴사회 라고 할 수 있다. 또한 평생학습사회는 외부 시스템의 구비만큼이나 내부 사용자들의 창조적 발상과 자기성찰을 필요로 하는 사회다. 급속한 환경 변화는 외부 시스템이 완비되기를 기다려주지 않는다. 이럴 때는 배움의 주체들 스스로 반성적 사고와 자기성찰을 통해 문제를 분석하고 대안을 준비할 필요가 있다. 이러한 자기주도성의 증진은 가정의 밥상머리부터 시작해서 초등교육, 중등교육, 대학교육, 사회 전반의 교육에 이르기까지 모든 배움활동에서 관심을 기울여야 할 부분이다.

3) 다문화교육: 다양성과 다름의 이해

페스탈로치는 인간 본성이 선함을 믿었다. 인간의 선한 본성을 드러내는 것이 바로 교육이고, 교육은 이런 자연의 질서를 따르는 것이라고 확신했다. 이러한 페스탈로치의 인간관은 다문화교육에도 부합한다. 인종과 성별, 피부색과 지역과 민족의 구분을 떠나 차별 없는 사회, 자연의 순리를 따르는 사회를 이룩하는 작업은 다문화교육을 통해서 가능하기 때문이다.

다문화(多文化)교육을 이문화(異文化)에 관한 교육으로 인식하는 지금의 이해 방식에는 한계가 있다. 나와 다른 존재에 대한 흡수

통합의 개념으로 파악하는 것 또한 문제의 소지가 있다. 다문화교육의 대상을 외국인근로자, 국제결혼여성, 북한이탈주민 등으로만 한정하는 것도 다문화의 다름과 다양을 제대로 이해하는 데는 어려움이 있다.

다문화교육은 다름(difference)과 다양(多樣)의 속성을 온전히 이해하는데서 출발해야 한다. 모든 인간이 선한 본성을 타고났음을 신뢰했던 페스탈로치의 믿음에 부합하여 '다름은 틀림이 아니라 단지 다름(The difference is not wrong. It is just different.)'이라는 진리를 인식하고 이해하고 적용하는 것이 다문화교육의 시작이고 끝이다.

평생학습사회는 내적 외적 존재의 다름이 서로 공존하는 사회다.18) 페스탈로치의 인간에 대한 믿음이 틀리지 않았다면 나와 달라서 틀린 것이 아니라, 나와 다르기 때문에 각자의 존재 이유가 있는 것이고, 그래서 서로 배울 수 있는 것이다. 더불어 함께 공존하는 공간이기에 이 사회는 살아줄만하고 살아갈만하며 살아볼만한 아름다운 세상인 것이다.

4. 나가며: 페스탈로치에게서 배우는 '恕의 배움'

교육이 위기에 봉착해 있음은 어제오늘만의 일은 아닐 성싶다. 예나 지금이나 교육은 항상 위기상황에 빠져있었다. 다종다양한 위험 징후들 속에서 여하히 기회 요소를 발굴하고 실천해 나가느냐가 좀 더 인간적으로 살아갈만한 사회를 이룩하는데 기여할 것이다. 교육의 위기 시대에 페스탈로치를 회고하는 이유가 여기에 있다. 1818년 1월 12일, 페스탈로치는 자신의 생일에 학원의 교사와 생도들 앞에서 강연을 했다. 이 강연 속에서 주목할 점은 페스탈로치가 자신의 저술의 예약금 전부를 영구히 남에게 양도 못하는 장학기금으로 만들었고 그 이자는 다음 네 가지 용도 외에는 쓰지 못하게 선포한 것이다. 첫째, 인간의 도야, 민중의 교육수단을 더욱 단순화하고, 민중이 안방에서 사용할 수 있는 교육원리와 교수방법을 금후로도 계속 연구 개발할 것, 둘째, 이와 같은 목적을 위하여 충분하게 훈련을 받은 민중을 위한 남녀 교사를 양성할 것, 셋째, 몇 개의 실험학교를 설립하여, 여기에서 위에서 말한 목적에 따라 초보적인 교과에서 지식과 기능 등에 걸친 실험을 할 것, 넷째, 민중을 위한 가정교육, 또는 가정교육의 모든 방법을 계속 개선할 것 등의 네 가지 항목은 바로 페스탈로치가 평생 노력했으나 못다 이룩한 꿈이었다. 이 이룩하지 못한 꿈을 계속해서 꿔나가기 위해 페스탈로치는 장학기금을 마련하여 후배들에게 계승시키고자 하였다.

교육에는 가르침이 필요하다. 그래서 가르침은 좋은 교육을 이루어내기 위한 필요조건이다. 하지만 가르침이 좋은 교육의 충분조건이 되기 위해서는 선행되어야 할 그 무엇인가가 필요하다. 그 선행조건이 바로 '배움'이다. 좋은 교육을 위해서 배움은 필수불가결하다. 가르치는 이유도 따지고 보면 배우기 위해서다. 인간은 가르치기 위해서 태어났다기보다는 배우기 위해서 태어났고 본능적으로 배우도록 되어있다. 모태로부터 벗어나는 순간부터 배우지 않고서는 아무 것도 할 수 없는 존재가 인간이기 때문이다.

페스탈로치는 과거 낡은 유물도 아니고 신성을 타고난 성인도 아니다. 모든 교육하는 이들과 마찬가지로 배우고 가르치는 일에 몰입했던 인간 존재다. 페스탈로치는 좋은 교육을 위해서 잘 가르치는 것이 중요함을 인식했던 교육자다. 동시에, 좋은 교육을 위해서는 교육에 참여하는 모든 이들, 말하자면 교수자와 학습자 모두가 존중되어야 함을 주장한 이론가다. 좋은 교육은 인간 내면의 본성을 온전히 드러내는 일임을 직시했던 사상가다. 한마디로, 페스탈로치는 인간을 이해하고 존중한 사랑의 철학자다.

페스탈로치의 사랑은 '恕의 배움', 즉, 배려와 용서로 정리할 수 있다. 배려(配慮)는 짝지어(配) 생각해보는(慮) 것이다. 마음 깊은 곳에서 우러나 상대의 입장에서 생각해보는 역지사지(易地思之)의 마음이다. 용서(容恕)는 누군가 저지른 죄나 잘못한 일을 벌하기보다 덮어 주는 것으로, 자신의 얼굴(容)과 같은(如) 마음(心)으로 상대를 포용하고 관용하고 똘레랑(tolerance)하는 것이다.

恕의 배움은 철저한 자기성찰과 유연한 의식소통을 요구한다. 恕의 배움은 내면의 깨달음과 비움의 반복을 통해서 자신의 존재 이유를 스스로 반추하고, 이를 토대로 나 외의 다른 이들과의 소통과 상생에 대해서 고민하기를 필요로 한다. 恕의 배움은 지나치게 경쟁적이고 비인간적인 교육 문제를 풀어나가는 해법의 출발점이 되는 동시에, 모든 이들이 각자의 필요와 상황에 맞춰 평생 배워나가는 시발점이 되도록 교육 프로그램을 구상하고 개발하는 것을 돕는다. 인간 내면의 선한 본성을 신뢰했던 페스탈로치의 믿음이 AI로 대표되는 4차 산업혁명과 포스트 코로나 시대 각각의 교육 장면들에 다시금 온전히 뿌리내려지기를 기대한다.[19]

Ⅱ. 청소년 배움론

1. 들어가며: 청소년, 그들은 누구인가?

원래 인간은 자유로운 존재다. 인간은 생물학적으로는 미완(未完)의 존재이고, 자연과 역사를 포함한 환경에 대해서는 열려있는 존재다. 인간은 태어나면서부터 고정불변의 형태를 가지고 있는 것이 아니다. 오히려 인간은 환경과의 관계와 상호작용을 통해서 스스로를 형성해 나가는 유동적인 존재다. 인간은 자신의 삶에서 새로운 결단을 할 가능성을 가지고 있다. 그러므로 그가 살아서 자유를 가지고 있는 동안에는 완성된 고정적인 존재가 아니라 자신의 삶을 스스로 완성해 나가는 혁신적인 자기개조(self-reformatting)의 존재다.

교육은 창조적 인간의 생동적이고 전체적인 삶의 표현이다. 인간의 삶이 있는 곳에서는 태초부터 교육이 있었다. 이런 의미에서 인간은 태어나면서부터 '사람임'이 아니고 그의 삶을 통해서 나타나는 '사람됨'의 존재라는 이규호 선생의 이야기는 설득력이 있다. 인간은 여러 가지 다양한 모습의 존재가 될 수 있는 가능성을 언제나 가지고 있다. 그러므로 인간의 일생은 사람됨의 과정이며, 이러한 사람됨의 과정 속에서 청소년을 이해할 필요가 있다.

지금 청소년들은 여러 가지 부담과 짐스러움을 강요하는 사회질서, 의미 없는 성취 억압과 스트레스를 제공하는 학교제도, 청소년들의 창의력을 무디게 만들고 억압하는 단조로운 직업세계에 둘러싸여있다. 그래서 청소년들은 그들의 삶의 세계로부터 벗어나서, 그들의 고유한 시간, 고유한 공간, 고유한 언어, 고유한 의식 등으로 이루어지는 자신들만의 문화 속으로 도피하고 있다. 이와 같은 현상은 대중매체에 의하여 확대 조장될 뿐만 아니라 가상공간의 활용이라는 문화작용 속에서 지속적으로 진행되고 있다. 청소년들이 미래 사회의 건강한 열린 존재로서 그 역할을 다할 수 있도록 도와주기 위해서는 청소년에 대한 건강한 이해가 절실하다.

우리 사회에서는 청소년에 대해 갑론을박이 많다. 미래의 주인공이라는 시각과 동시에, 사회문제의 온상이라는 관점이 공존한다. 흔히 청소년문제라는 말을 하지만, 따지고 보면 이 용어에도 모순이 있다. 예를 들어, '여성문제'라는 말로 여성들 모두를 하나의 문제 집단처럼 바라보듯이, 청소년문제 역시 청소년들의 존재 자체를 문제아 집단으로 파악하고 있다. 이제는 무엇보다도 먼저 청소년을 미래 세대의 삶의 주인공으로 인식하고 우리가 살고 있는 사회의 중요한 주체의 하나로 바라볼 필요가 있다. 청소년은 지금 여기 우리와 함께 모여 사는 삶살이 이야기 속에서 빼놓을 수 없는 주제이며 삶의 주체다.

일단, 청소년이라는 용어가 풍기는 젊음, 젊은이다움이라는 의미를 되새겨볼 수 있다. 젊은이다움은 자연적인 삶에 있어서 주로 하나의 삶이 시작되는 초년기의 상태를 묘사하는 말이다. 그래서 연세 지긋하신 어르신이 혈색이 좋거나 기력이 왕성하면 그분을 젊은이답다고 한다. 뿐만 아니라, 젊은이다움이라는 말은 삶에 있어서 언제나 보다 희망에 가득 찬 삶의 모습을 칭하는 말이기도 한다. 어르신임에도 불구하고 계속해서 무엇인가 계획하고 성취하며 삶의 의미와 기쁨을 즐기는 사람을 '겉은 늙었지만 속은 젊다'라고 하는 이유가 여기에 있다. 이런 청소년의 삶살이는 시간과 공간과 언어의 세 가지 측면에 근거하여 이해하고 그들의 열린 가능성을 제고해보는 것은 의미있는 작업이다.

2. 청소년, 그들의 시간: 여유로움을 발견하는 시간

인간이라면 누구나 하루 24시간, 일년 365일을 살아간다. 그러나 이것은 단지 인간에게 주어진 물리적인 시간 개념일 뿐이다. 그 시간을 사용하는 방법이나 내용은 각자 개인에 따라 상당한 차이를 드러내기 마련이다. 이러한 다양함 속에서도 청소년들에게 있어서의 시간 활용은 어떤 공통점을 지니고 있다. 컴퓨터와 인터넷을 포함한 정보통신과학기술의 발달은 청소년들의 세계를 신속함과 편리함이라는 두 단어로 압축하고 있다. 신속과 편리는 인간 생활에 많은 혜택을 가져온 것이 사실이다. 그러나 이러한 신속함과 편리함이라는 시간 세계에는 청소년들에게 미치는 여러 부작용이 뒤따르는 것 또한 사실이다.

먼저, 신속함의 이름으로 모든 것을 빨리빨리 처리하는 것이 미덕이고 최선으로 여겨지는 지금의 경쟁 사회에서 느림의 미덕을 논하는 것은 시대착오적 발상으로 치부될지 모른다. 정해진 시간 동안 주어진 문제를 누가 더 빨리 풀어내느냐로 점수를 내고, 그 점수로 서열을 매기는 지금의 학교 시험이 그 대표적인 사례라고 할 수 있다. 그렇게 모든 것을 신속하게 획득할 수 있는 시험의 세계에서 청소년들이 잃어버리는 것은 다양하다. 신속함의 세계 속에서 성장한 청소년들은 조급함을 특징으로 한다. 조급함은 기다림의 미학을 상실하게 한다. 여백의 미와 여유로움을 사라지게 한다. 절차와 과정을 통한 사유 체계의 형성과정에 대한 존경심도 잃어버린다. 감동하는 방법도 잃어버린다. 즉각적으로 떠오르는 정답을 찾으면서 청소년들은 그 대답이 만들어지기까지 심혈을 기울였던 사상과 이념, 감정과 혼돈의 무수한 시행착오를 무시하거나 그 존재 가치를 인식하지 못한다. 신속함은 과정의 인내와 충실보다는 결과의 성취와 만족을 중요시한다. 결국 이러한 신속이 청소년들을 순간적인 탐욕과 일확천금, 눈앞의 이익에 눈멀게 만들 수 있다.

한편, 편리함이 청소년의 정신적 피폐를 야기하고 있다. 간편하고 손쉬운 것만을 찾으면서 청소년들은 적극성과 도전정신을 잃어버리고 창의력마저 상실한다. 주어진 메뉴 중에 골라서 주문만 하면 즉시 만들어 제공되는 패스트푸드의 편리함 속에서 청소년들이 얻은 것은 수동성과 타율성이다. 주어진 선택지 안에서의 정답을 찾고 그 가운데서 고르기만 하는 존재, 스스로 무엇인가를 해보거나 만들어 낼 줄을 모르는 존재가 지금의 청소년들일지 모른다. 땀 흘려 얻은 것이 소중하게 간직할 가치가 있다는 단순한 진리마저도 기계문명의 편리한 세계 속에서는 설자리를 잃은 것처럼 보인다.

청소년은 아동도 아니고 성인도 아닌 중간자의 입장에서 갖가지 사회적 변동과 자극에 호기심과 탐색의 욕구가 용솟음치는 존재다. 청소년들의 정체성은 역할혼미를 경험하게 된다. 기술 문명의 발달에 따라 물질만능주의가 가져온 여러 사회 자극은 정체감의 위기에 있는 청소년들의 호기심과 탐구의 욕망을 자극하고도 남음이 있다. 신속하고 편리하게 모든 것이 주어지는 세계 속에서 청소년들은 그렇게 얻은 지식을 객관적인 사실로 받아들일 가능성이 크다. 지식이란 언제나 여러 대립적인 견해의 투쟁과 절충과 합의에 의해 만들어지며, 각자가 스스로의 지식을 나름대로 만들 수 있고 상대방의 의견을 존중해야 한다는 엄연한 진리를 망각한 채 말이다.

아동기와는 달리 청소년기에는 그들 속에서 일어나고 있는 변화가 많고, 그들에게 부딪쳐오는 현재 혹은 미래의 요구들이 많으며, 반드시 내려야 할 결정들 또한 많으므로, 이 많은 충동과 요구들을 조화로운 전체 속으로 수렴하지 않으면 안된다. 이 시기의 청소년들을 고민하게 만드는 것은 신체적인 성장이나 성적 충동 자체보다는 다른 사람의 눈에 좋게 보이지 못하거나 다른 사람의 기대에 어긋날지도 모른다는 생각들이다. 그리고 그 이상으로 보다 넓은 사회에서의 자신의 미래에 관하여 걱정하기 시작하고 때로는 자기 앞에 펼쳐져 있는 무수한 선택의 가능성에 압도되어 버리기도 한다.

따라서 청소년들이 고민하는 모습은 극히 당연할 수 있다. 즉, 청소년 시기를 더 이상 사회에로 들어가기 위한 준비의 시기, 유예된 욕구만족의 시기, 강요된 인내의 시기로 인식하는 실수에서 벗어나야 한다. 청소년들은 그들의 삶을 그들의 현재 안에서 살려고 한다. 청소년들은 기술문명이 제공하는 신속함과 편리함을 무비판적으로 받아들이는 대신에 한번쯤 의심해보고 그 속에서 여유로움을 발견할 수 있어야 한다. 신속함 속의 느림, 편리함 속의 인내를 경험해 볼 때에만 청소년 스스로 새로운 세계 속의 잠재력을 인간을 위한 가능성으로 확대시킬 수 있는 주체적 존재로 거듭날 수 있을 것이다.

3. 청소년, 그들의 공간: 만남을 준비하는 공간

우리는 본질적인 교육의 문제 앞에 직면하고 있다. 첫째, 교육은 가정이 제공하는 인간적인 사랑과 관심을 쏟는 경험의 공간을 필요로 한다. 결혼과 가족은 오늘날 점증적인 위기 앞에 놓여있다. 가정교육의 새로운 의미부여는 당면한 시대적 과제다. 둘째, 학교는 교육제도의 핵심이다. 삶의 의미와 인간 상호간의 올바른 교제의 의미, 학생과 교사, 학생 상호 간의 인격적이고 교육적인 관계에 대한 물음 등은 포기할 수 없는 학교의 과제다. 셋째, 직업세계의 요구들이 교육제도 전반에 영향을 미치고 있다. 직업교육의 다양성은 단편적 지식 전달이라는 기계적 수단에 우선순위를 넘겨준 채 후퇴해 버렸다. 그러므로 우리는 어떠한 노동관과 직업관이 의미 있는 삶에 도움이 되고 삶을 윤택하게 하는지 물어야 할 것이다.

1) 가정공간과 부모

지속성이 강한 자연 공동체인 가정은 가장 근원적인 공간이다. 가정을 결혼이나 일의 분담 등과 같은 특정 목적을 위해 개별적인 인간이 모여 있는 곳으로 이해한다면 이는 가정의 교육적 의미를 망각하고 있는 것이다. 청소년들이 가정이라는 공간을 통해 받은 영향은 자신들이 주로 생활하는 학교공간뿐만 아니라 평생에 걸친 삶살이에 이르기까지 영향을 미친다. 다양한 크고 작은 공동체 안에서 적응해 나가는데, 혹은 제도 교육을 통해 가치관을 형성하는데, 또는 친구나 교사와 상호관계를 형성하는데 있어서 가정공간은 근본적으로 관계를 맺고 있다. 세살 버릇이 여든 간다는 말은 가정이라는 공간의 영향을 교육적인 안목에서 파악하고 있음을 보여주고 있다.

하지만 요즘 청소년 세대와 부모 세대는 서로 다른 세상을 살고 있는 듯하다. 부모들이 생활하는 세상이 현실의 세계라면 청소년들이 숨 쉬는 세상은 가상의 세계로 구분할 수 있다. 아침에 일어나면 휴대폰부터 손에 잡아들고, 손으로 글씨를 쓰는 것보다는 자판을 두드리는 것이 더 편한 세대가 청소년들이다. 일방적으로 들여다보는 TV보다 쌍방향 소통이 가능한 컴퓨터나 휴대폰, 몰아보기가 가능한 OTT를 더 좋아하는 세대다. 장래 희망의 윗자리를 대중 연예인이 차지하는 세대가 청소년들이다.

가정공간이 제대로 자신의 역할을 하기 위해서는 먼저 교육적이고 인간적인 환경이 조성되어야 한다. 가정환경이 청소년의 성장과 발달, 사회 적응에 긍정적인 영향을 줄 수 있도록 부모와 자녀와의 관계를 건전하게 유지할 필요가 있다. 부모는 청소년 자녀를 독립된 인격체로 인정하며 사랑과 인내를 바탕으로 관계를 형성하는 조력자(helper)의 역할을 감당해야 한다. 이를 위해서는 부모 스스로가 청소년들을 이해하려는 노력이 필요하다. 컴퓨터와 휴대폰에 대한 공부도 하고, 청소년들 사이의 관심사와 이야기 꺼리에 대해서도 알아가려고 시도할 필요가 있다. 청소년들에게 '공부해라'가 아니라 '공부하자'를 외칠 수 있는 부모가 될 때, 세대 간의 갈등의 벽과 대화의 물꼬가 트일 수 있으며 새로운 만남이 시작될 수 있는 것이다.

2) 학교공간과 교사

학교는 조직적으로 일정한 교과내용을 전달할 목적으로 세워진 공간이다. 학과수업, 교육자로서의 교사, 학급공동체 등은 학교공간의 주요 요소이며, 청소년들은 이 학교공간에서 계획된 수업을 통해 다양한 가치를 접하고 습득하게 된다. 학교공간에서 청소년들은 학생이라는 신분을 부여 받는다. 학생은 학습하고 익히는 존재다.

이런 학교공간은 청소년들을 억압하는 전체기관(total institution)으로서의 성격을 가지고 있는 것이 사실이다. 인간에게는 자기 자신에 대하여 스스로의 입장을 취할 수 있는 자기결정력과 이를 통해 자기에게 보편적으로 주어져 있는 고유한 인간적 충동을 억제하거나 포기할 수 있는 금욕의 가능성, 혹은 잠재력을 표출할 수 있는 창조적 능력이 있다. 그러나 오늘날 학교공간은 이러한 인간 정신의 창조적 분출을 가능하게 도와주는 제도로서의 기능을 온전히 수행하는데 한계를 드러내고 있다. 학교공간은 청소년들의 짐을 덜어줌으로써 청소년들이 익숙한 세계에 안주하지 않고 낯선 세계로 나아가서 새로운 세계를 발견하고 발굴하고 발현하도록 도와주는 모험심을 조장하거나 안내하는데 한계를 지니고 있다. 이제 학교공간은 청소년들을 단순하고 맹목적인 지식암기의 끝없는 반복 훈련 속에 가두어 두는 일을 중단할 필요가 있다. 그 역할은 동역자(facilitator)인 교사들이 감당해야 한다.

현실적으로 청소년들은 학교와 교사에 대한 불만을 내뱉는다. 청소년들에게 학교공간은 짜증나는 곳이다. 교문을 들어서는 순간부터 그들의 숨통을 틀어막고 조이는 곳, 건전한 인격을 기른다는 명목 하에 인격 따위가 성장해 볼 기회를 주지 않는 곳이 바로 학교공간이 되버렸다. 학교공간 속의 청소년들은 인간 고유의 존재라기보다는 시키는 대로만 따라해야 하는 노예에 불과한 듯하다. 그 속에서 청소년들은 분노와 반항에 몸부림치고 있다. 이런 일탈과 반항은 청소년들만의 전유물이 아니다. 겉으로는 위축되어 있지만 속으로는 분노를 키워가고 있는 것이 오늘날 교사들의 초상이기도 하다.

학생도 교사도 학교공간을 버거워하는 것이 현실이다. 학교공간이 탁월한 인적자원을 양성하여 국가 발전에 기여한다는 긍정적인 측면이 있음에도 불구하고 건전한 이미지를 유지하지 못하는 이유는 학교공간이 자신의 본래적인 기능에 충실하지 못하기 때문이다. 즉, 인간교육에 충실하지 못하기 때문이다. 학교공간이 교육의 이상인 전인교육을 지향하기보다는 점수따기식의 입시위주교육에 몰두하고 있음은 주지의 사실이다. 자율학습과 보충수업이라는 이름으로 반강제적으로 갇혀있어야 하는 것은 비교육적이고 비인간적인 학교공간의 현실이다.

 '공부=경쟁=대학=출세'로 이어지는 학교공간의 메커니즘 속에서 청소년들은 입시교육의 노예가 되고 있다. 학교공간은 사회에서 필요로 하는 인재를 만드는 기능에는 충실했지만 청소년들의 자아실현이나 전인격적 교육과 같은 본질적 과제의 실현에는 소홀했다. 이제 학교공간은 스스로의 존재 목적 실현을 위해, 청소년들의 삶을 인도하고 청소년들을 위해 존재한다는 본질적 과제와 책임을 재확인하고 그 실현에 힘써야 한다. 그렇지 않으면 결국에는 청소년들의 삶의 과정을 무시한 채, 결과 중심의 효율성만을 추구하는 비인간적 교육을 정당화시키는 결과를 초래하고 말 것이다.

3) 사회공간과 직업

 사회공간은 청소년들의 미래 공간이다. 실제로 청소년들이 생활하는 공간의 대부분은 가정공간과 학교공간이다. 하지만 부분적으로 이미 한 사람의 사회인으로서 자리매김을 한 청소년들이 존재하기에, 직업과 관련한 사회공간에서 청소년들의 세계관과 직업관을 수립하는 작업이 필요하다.

일반적으로 청소년들은 어른들에 의해 공동책임이 부여되고, 독자성이 자유롭게 보장되며, 자신들의 관심사에 대해 탐구정신을 진지하게 펼칠 수 있기를 기대한다. 동시에 청소년들은 어른들의 격려와 인내심, 권위에 의존하고 있다. 왜냐하면 어른들이 불안해하듯이 청소년들도 그렇기 때문이다. 어른들의 사랑과 관심을 쏟는 행위는 아동들에게 있어서와 마찬가지로 청소년들에게도 중요하고 필요한 것이다.

그러므로 청소년들을 전체적으로 무감각하고 무관심하고 체념적이라고 평가하는 것은 옳지 않다. 청소년들은 그들의 고유한 형성가능공간이 주어져 있지 않거나 관례적인 논거밖에 들을 수 없는 곳에 있기 때문에 무감각하고 체념적이며 무관심해 지는 것이다. 비록 성인들과 같은 존재는 아니지만, 청소년들은 그들이 어른들에게서 동등하게 인정받는 상대자로서 존경받고 격려받는 곳에서, 그리고 그들의 목표들을 실현할 수 있는 곳에서, 또한 어른들이 그들에게 책임 있는 활동공간을 부여하는 곳이라면 어디서든지 능동적이고 감각적이며 관심 많은 신선한 존재들이다. 청소년들에게 필요한 사회공간은 각자의 역량을 온전히 드러내며 꿈과 끼를 발현할 수 있는 만남의 공간인 것이다.

4. 청소년, 그들의 언어: 책임과 소통의 언어

청소년들이 사용하는 일상용어 속에는 축약형과 속어, 은어가 만연해 있다. 많은 정보량을 신속하게 전달하려는 의도에서 시작된 것으로 보이는 이러한 언어해체현상은 기존의 언어를 축약 또는 변형시키거나 자판으로 치기에는 성가신 받침을 무시하고 소리 나는 대로 적어서 생겨난 것들이다. 넓은 의미에서 신종은어라고 할 수 있는 청소년들의 언어는 이제 또래집단을 결속시켜주는 수단으로 그 정당성을 주장하기도 한다.

청소년들의 언어 사용에 대해 서로 상반된 주장이 있다. 한편에서, 언어는 사용자의 습관에 따라 변하며 이것이 컴퓨터나 휴대폰이라는 매개물을 통해 확산된다는 점에서 그 영향력을 무시할 수 없다는 주장이 있다. 또 다른 한편에서는, 단지 일시적인 현상이고 휴대폰과 컴퓨터라는 가상세계에서 존재하는 특수현상이므로 사회 전반의 우려를 불러일으킬 정도로 심각한 현상은 아니라고 이야기하기도 한다. 청소년들이 그들만의 언어를 사용하는 그 저변에는 동류의식과 더불어 자신은 남들과 다르다는 끊임없는 자기 확대, 자기 확인의 심리가 자리하고 있다. 이를 통해 청소년들은 기존 사회의 모순에 저항하려는 모습과 욕구불만을 표출하려는 의지를 드러내고 있는 것이다.

언어, 즉 말의 힘은 '누군가 나의 이름을 불러주었을 때 하나의 의미가 되듯이' 그 영향력이 크다. 인간은 자신이 활용하는 말에 의해서 수용되며, 자신의 말에 온전히 서있지 않으면 안된다. 인간이 자신의 말을 통해 확립되는 이러한 과정은 도덕적 인격 형성, 즉 단어의 의미를 통해 자아를 형성하는데 결정적인 역할을 한다. 언어적인 확정의 수행을 통해서 비로소 인간은 하나의 책임 있는 자아의 정립을 이룩하게 된다. 언어가 존재하는 곳에 책임이 존재하며, 말을 주고받는 상호간의 소통이 이루어지는 것이다.

5. 나가며: 청소년, 그 열린 존재로서의 가능성

인간은 모든 공정을 마친 완결형의 존재가 아니다. 인간은 언제나 새로운 가능성을 향해서 열려있는 배움의 존재다. 인간의 존재형태는 자신의 테두리 속에 갇혀 있는 닫힌 꼴이 아니라 늘 자신의 테두리를 넘어서는 열린 꼴이라는 이야기다. 키에르케고르는 사람의 실존을 "나와 나 자신이 관계하는 것, 그리고 나 자신과의 관계를 통해서 하나님과 관계하고 이웃과 관계"하는 관계구조라고 말했다. 사람의 존재 형태가 열린 꼴이라는 것은 인간이 자기 자신의 존재를 스스로의 자유로운 결단과 역사적이고 사회적인 관계 속에서 늘 새롭게 이룩해 간다는 의미다. 따라서 인간 존재가 열린 꼴이라는 것은 인간 존재가 내용적으로는 불변의 고정적인 것을 갖고 있지 않다는 의미이기도 하다.

배움을 통해 열린 꼴로서의 인간 행복의 총량을 늘리고 그로부터 인간의 존엄성을 높이려면 인간교육이 먼저 실천되어야 한다. 전인적 인간교육은 인간을 열린 가능성의 존재로 파악하고, 그 가능성은 얼마든지 인간 존재를 건강하고 건전한 방향으로 고양시킬 수 있다는 믿음을 전제로 한다. 이러한 가능성의 실현은 배우는 사람들의 자유의지에 의한 능동적이고 주체적인 선택과 결정에 의해 이루어진다. 그 어떤 교육이라도 인간에 대한 열린 존재로서의 신뢰가 없다면 그것은 참된 배움이라기보다는 단순한 훈련에 지나지 않는다. 그러나 현실적으로 청소년들을 대상으로 이루어지는 교육은 인간 존재에 대한 별다른 철학 없이 오직 높은 점수를 받아 좋은 대학에 들어가기 위한 노하우의 효율적 전달만을 목표로 삼고 있는 듯하다. 이러한 교육의 현실에서 전인교육, 인간교육이라는 이념은 배움의 참 의미를 지키는 보루라기보다는 교실 한편에 걸려있는 액자 속 교훈처럼 하나의 명목상의 허울 좋은 메아리일 뿐이다.

열린 존재로서 사람됨과 전인교육은 청소년을 이해하는데 긍정적인 영향을 준다. 우선, 청소년들의 대안적 생활양식을 이상행동으로 간주한다면, 사회와 제도로부터의 시각으로는 청소년들의 행동이 제재를 받게 되고, 청소년 스스로의 자치를 불허하는 일이 정상적인 것으로 받아들여지게 된다. 사회와 제도가 청소년들의 대안적 생활양식을 마치 바이러스처럼 제거하려고 하기 때문에 청소년들을 문제집단 또는 주변집단으로 해석하게 된다. 이러한 관점에 기초한 청소년정책은 무의미할 뿐이다. 왜냐하면 이러한 정책은 그저 청소년들의 옆을 스쳐 지나가기 때문이다. 청소년들을 관통하지 못한다. 이러한 정책은 위험하기까지 하다. 왜냐하면 사회적 정체성의 발견과 통합의 과정을 저해하기 때문이다.

역사의 흐름에 관심을 가진 사람의 눈으로 보면 반항과 거부의 일정한 형식들은 한 사회의 미래를 위해 충분히 의미 있는 형식으로 인식될 수 있다. 이러한 형식들이 청소년들에게 건전한 인격 형성과 도전정신, 책임감을 길러줄 수 있기 때문이다. 기성세대가 청소년들의 도전과 분투를 억제하면 억제할수록 적응과 자아정체성과 주체성이 약한 인격을 양성할 뿐이다.

청소년들을 이해하는데 있어서 가장 염두에 두어야 할 것은 청소년들의 장래를 위한 준비라는 것이 '시간적으로 먼 훗날, 공간적으로 저쪽'을 위한 것뿐이어서는 안된다는 사실이다. 청소년들의 흥미와 관심은 지금 여기(now and here)에도 있다는 사실을 인정해야 한다. 어쩌면 청소년들은 미래를 담보로 현재를 영원히 포기할 수밖에 없는 존재로 낙인찍힐지도 모른다. 청소년들은 단순히 성인이 되기 위한 연령상의 중간과정이 아니라 그 이상의 인격적 존재다. 청소년기를 미래를 위한 준비시기로만 규정한다면, 청소년들의 주체적인 삶의 과정을 무시한 채 더욱더 미성숙한 존재로 남게 되고, 결과중심의 효율성만을 추구하는 비인간적 교육을 정당화시키는 결과를 초래하고 말 것이다.

결국, 청소년에 대한, 청소년을 위한 인간학적 접근은 청소년들의 삶의 인간화와 민주화를 성취한다는 두 가지 목표를 함께 추구해야 한다. 이를 위해서는 청소년 자체와 청소년 현상을 이해하고 설명하는데 그치는 것이 아니라 지금까지 기성세대나 기성문화가 청소년에 대하여 가지고 있던 정형화된 인식의 틀을 과감히 전환할 필요가 있다. 동시에, 청소년들의 삶을 보다 윤택하게 가꾸어 나가도록 기여하기 위한 학문적인 노력이 요구된다. 이러한 노력을 통해서 청소년과 기성세대 간에 쌓여 있는 세대 간의 벽을 허물고 간극을 좁히며 열린 존재로서 사람됨의 가능성을 더욱 열어나갈 수 있다.

획일성에서 벗어나 다양성을 추구하는 동시에, 수동적인 '만들어짐'의 존재가 아닌 주체적인 '만들어감'의 존재로서 청소년을 파악하고 인정하는 것이 필요하다. 교육은 '인간을 계획적으로 변화시키는 것이 아니라, 인간이 주체적으로 변화하도록 도와주는 것'이라는 전제하에, 청소년들 내면의 학습 욕구, 공부 습관, 배움 열정을 끓어오르게 함으로써 청소년들이 용기와 신뢰의 열린 존재로서 각자 자기 삶의 주체가 될 수 있도록 가능성을 열어놓는 작업이 우리 모두가 할 일이다.[20]

III. 어르신 배움론: 함석헌 인간존재론

1. 들어가며

함석헌의 씨알사상이 재조명 되고 있다. 현대인들에게 함석헌의 말과 글은 단순한 지적 희열이나 즐거움의 대상이 아니다. 함석헌의 사상은 인간 존재가 직면한 문제 상황과 현실의 난맥상을 해결할 수 있는 동기를 부여한다. 이를 통해 인간 각자(各自)가 각자(覺者)로 틀바꿈 하는 단초를 제공하는 것이다. 함석헌의 말과 글에서 가장 흔하게 나타나는 '생각'은 단순한 의식적 작용을 말하는 것이 아니라 종교적 차원의 진리 탐구에까지 이르는 광범위한 의미다. 말하자면, 개인적인 사색의 수준을 넘어서 사회적이고 공적인 수준의 실천인 지행합일(知行合一)을 요구한다. 생각 따로 실천 따로 서로 유리된 것이 아니라 '생각이 곧 실천'인 것이다. "생각하는 백성이라야 산다", "생각하는 씨알이라야 한다"고 설파했던 이유가 바로 '앎과 행함과 삶'이 서로 하나로 엮이기 때문이다. 그런 의미에서, 함석헌의 씨알교육론과 그 속에 내제된 구제신애의 배움론을 연결하여 점검해보는 일은 과거의 생각을 현재에 사고(思考)함으로써 미래를 생각하는 계기가 되기에 의미 있는 작업이다.

2. 교·육·학·습(敎·育·學·習)을 넘어선 구·제·신·애(救·濟·信·愛) 배움론

씨알교육의 핵심은 구제신애로 정리할 수 있다. 함석헌의 씨알교육론이 곧 그의 배움론이며, 이는 지금의 학교교육이 지닌 '정보 찾기 교육, 정보 쌓기 훈련'의 속성을 넘어서 '사람 되기 교육'을 회복하는 일이 중요함을 강조하고 있다. 구제신애의 배움론은 삶과 생명을 위한 맞춤(適應)의 배움, 대듦(拒否)의 배움, 만듦(創造)의 배움이며, 삶의 태어남, 삶의 피어남, 삶의 이루어냄을 추구하는 노력이다. 이는 우리 교육이 직면한 교육문제의 뿌리가 교육이 무엇인지도 모른 채 교육이라는 이름으로 교육을 자행하고 있는데서 출발하고 있음을 지적하는 것이기도 하다.

교육은 배움과 가르침이 함께 어우러져 개체와 공동체를 건전하고 바람직한 방향으로 형성하기 위한 필수적 인간 행위라고 할 수 있다. 그 가운데 배움과 가르침이라는 두 행위가 교사와 학생으로 대표되는 교육 행위 당사자들 사이에서 갈등과 마찰을 가져왔던 것도 사실이다. 가르치는 이는 배우는 이를 주체로 인정하지 않을 뿐만 아니라, 가르치는 이 스스로도 자신이 끊임없이 성장 성숙해 나가야 하는 배움의 존재라는 사실을 잊고 있었다. 그동안 '배움의 삶, 또는 삶을 배움'을 뜻하는 학생(學生)이라는 이름은 특정한 생물학적 시기에 국한된 명칭인 학생(student)으로 불려왔다. 학생은 성숙한 교사의 입장에서 보면 뭔가 부족한 미성숙한 존재였다. 계속해서 보살핌과 관심이 필요한 수동적 존재였다. 그 속에서 배움은 학습(學習)이라는 이름으로 포장되어 남에게 보여주기 위한 대용물로 취급되어 왔다. 배움은 그것이 가져다줄 보상을 염두에 둔 목표물이 되었고, 화려한 포장에 덮여진 채 배움 자체의 본질적 의미가 감춰져 버리고 말았던 것이다. 이는 지금의 학교 중심 교육학의 이름으로 자행되어왔던 왜곡된 교육의 결과라고 할 수 있다.

교육이 과연 무엇인지에 대한 원론적이고 근본적인 질문에 답하기 위해서는 교육의 중핵(中核)이 무엇인지를 파악해보는 작업이 우선되어야 한다. 가르치고 기르는 교육(敎育)을 지나서 배우고 익히는 학습주의(學習主義) 시대가 되었다고는 하지만, 정작 교육학습의 핵심이 무엇인지에 대한 물음에는 익숙하지 못한 것이 사실이다. 이에 대한 정답(定答)이라기보다는 나름대로 해답(解答)을 풀어본다면, '교육의 중핵은 배움'이라고 말할 수 있다.

배움이란 평생에 걸친 지속적 자기 성찰 과정이다. 평생의 자기 성찰 작업은 현재의 삶살이와 지속적으로 접(接)하면서 과거를 반성하고 현재를 익(習)히는 동시에 미래를 지향하며 새로이 그 무엇인가를 만(造)들어낸다는 의미를 내포하고 있다. 이러한 일련의 접하고 익히고 만들어내는 순환 고리가 수레바퀴 돌듯이 반복되는 것이 바로 배움의 과정인 것이다.

3. 묻기의 배움: 인생은 찾음이고, 영원한 미완성이다.

> "교(敎)라 하지만 가르치는 것만 가지고는 부족하다. 구(救)가 되어야 한다. 교사는 저것이다 하고 가르치는 자이지만 인생이란 가르쳐만 주면 갈 수 있는 힘을 가진 자이냐 하면 그렇지 않다. 인생은 그대로 두면 죽는 존재다. 생리적으로부터 그렇다. 동물의 새끼는 태어나면 대개 스스로 생활을 해 갈 수 있게 생겼으나 사람의 자식은 여러 해를 두고 키우지 않으면 못 산다. 모성애는 그 새끼의 하잘 수 없는 꼴을 보고 나타나는 것이다. 건지는 데까지 가야 참 교육이다 (함석헌, 1983)."

'온전한 존재'로서 인간은 배움의 본성을 타고났다. 인간 본성으로서의 배움이 추구하는 것은 궁극적으로 자신이 누구인지 어디서 왔고 어디고 가고 있는지에 대한 깨달음을 얻는 것이다. 감춰져 있는 자신의 잠재력과 능력, 가능성을 하나하나 발견해내고 지금보다는 조금 더 나은 방향으로 성장해 나가기 위해 인간은 배운다. 이런 깨달음의 출발은 올바른 질문에서 나온다. 올바른 묻기는 자신이 무엇을 모르는지를 알고 있을 때에 가능하다. 그래서 질문하는 자는 이미 그 답을 알고 있는 것이나 다름없는 것이다.

배움은 묻기를 부끄러워하지 않는 데서부터 시작한다. 공자(孔子)조차도 모르는 것을 묻는 것은 신분이나 지위의 높고 낮음을 가리지 않으며 결코 부끄러워 할 일이 아님을 공자천주(孔子穿珠)의 예를 통해 보여주고 있다. 모르는 것이 있으면 아랫사람에게라도 묻는 것이 당연한 일이다. 오히려 묻지도 않고 배우려고도 하지 않는 데에 문제가 있다. 묻고 답을 구했다면 또 다시 같은 질문을 던지지 않도록 자신을 성장시켜야 한다. 영원한 미완성의 인생에서 지속적으로 자라나는 일은 배움의 존재들에게 주어진 숙명과도 같은 과업인 것이다.

4. 더불어 배움: 善은 한 개인의 선이 아니라 전체의 선이다.

"육(育)이라 하지만 그저 키우는 것만 가지고는 부족하다. 제(濟)가 되어야 한다. 건너 주는 것이 되어야 참 키움이다. 그 자리에 그냥 있는 것이 아니라, 보다 높은 자리로 옮겨져야 정말 자란 것이다. 한 매듭에서 윗 매듭으로, 잎에서 꽃으로 건너감이다. 그보다도 차라리 제(祭)라 하는 것이 나을지도 모른다. 제는 길러서 바치는 것이다. 인생은 그저 무목적으로 자라는 것이 아니라 바칠 데가 있어 키우는 것이다. 인생은 제물이다. 바쳐진 존재다. 바친 다음에야 참 사람이 된다. 그러나 제물을 바치면 바친 자에게 도로 주어 받아먹듯이 인생을 절대자에게 바치면 자기를 도로 찾게 된다. 그러나 도로 받은 나는 바칠 때의 나가 아니다. 그것은 위에서 은총으로 준 보다 높은 거룩한 나다(함석헌, 1983)."

'제 힘의 존재'로서 인간은 생각하는 힘을 지니고 있다. 씨알에게 있어서 생각은 나홀로 사는 생각이 아니라 더불어 사는 생각이다. 씨알이라는 존재는 홀로라는 자기 안에 이미 함께를 담고 있다. 동서고금의 다양한 지식들과 더불어 동행하는 삶이 곧 함께 생각하는 배움이다.

함께 하는 배움은 기본적으로 대화의 속성을 지니고 있다. 대화(dialogue)는 두 가지 서로 다른 속성을 지니고 있는데, 하나는 언어교통(言語交通)으로서의 대화고, 다른 하나는 의식소통(意識疏通)으로서의 대화다. 함께 하는 배움이 지니는 대화의 속성은 단순히 말이 오고가는 그런 수준의 것이 아니다. 대화를 단순하게 언어의 교통 행위라고 이해하는 것은 대화의 본질을 왜곡하는 것이다. 대화는 본질적으로 소리들이 서로를 방해하거나 억압하지 않은 상태에서 오케스트라 연주처럼 서로 통(通)하여 조화로운 소리를 내는 것이다. 함께 하는 배움은 각기 다른 소리의 따로 울림에 머물지 않고 나와 다른 소리의 존재 자체를 인정하고 받아들이는데 의미가 있다. 의식의 소통은 '나와 다른 것은 틀린 것이 아니라, 나와 달라서 아름다운 것'임을 드러내주고 있다. 의식소통의 대화가 지향하는 것은 결국 서로의 나눔이고 서로의 즐김이며 서로의 성장인 것이다.

5. 각자의 배움: 생명 있는 씨알은 스스로 자란다.

"학(學)이라 하지만 그저 배우는 것만으로는 부족하다. 신(信)에까지 가야 한다. 학은 그 글자가 말하는 대로 모방이다. 교육이 처음에는 모방이다. 그러나 모방에만 그쳐서는 못쓴다. 신에까지 가야 한다. 신, 믿는 것은 하나가 되는 일이다. 어떤 기술을 배운다면 배워서 자신 있는데 이르러야 한다. 자신이란 나와 기술이 따로가 아니요 곧 하나인 지경에 이른 것이다. 참으로 배우면 하는 줄을 모르고 하게 된다. 그러면 하는 것이 아니다(함석헌, 1983)."

'자기성의 존재'로서 인간은 스스로 사는 생명이다. 씨알 자체가 스스로 함, 스스로 말미암음, 스스로(自) 연(然)하는 존재임을 드러내고 있다. 스스로 산다는 것은 살아서 숨쉬기만 하는 차원을 의미하는 것은 아니다. 스스로 배우고 얻어서 거듭난다는 의미다. 현재를 접하고 과거를 익혀서 미래를 만들어 내는 배움의 과정인 것이다.

인간의 자기성은 타율적인 것이 아니라 자율적이고 자기적이며 자유적이다. 모든 인간이 숨을 쉰다고 해서, 각자 숨 쉬는 시간마저 똑같은 것은 아니다. 모두가 동일한 시간차를 두고 들숨과 날숨을 쉬는 것은 아니다. 말하자면, 숨쉬기의 본질은 동일하지만 각자 숨쉬는 시간과 방법은 서로 차이가 있다. 각자의 배움도 마찬가지다. 배움이 모든 인간에게 동일한 본성이지만 그 본성이 드러나는 시간과 방법과 양태는 서로 차이가 있을 수 있다. 각자 스스로 연하여 자신의 배움 본성을 드러낼 수 있도록 조력하는 일이 교육이 회복해 내야할 문제의 근원이라 할 수 있다.

6. 화이부동(和而不同)의 씨알 배움

"습(習)이라 하지만 익히는 것만으로는 부족하다. 애(愛)에까지 가야 한다. <논어> 첫 머리에 '학이시습지 불역열호(學而時習之 不亦悅乎)', 배워서 늘 익히면 즐겁지 않느냐 했지만 즐거우려면 그것을 사랑해야 된다. 짐으로 알고 해서는 즐거울 수가 없다. 익히는 것은 곧 밖으로부터 들어온 모방이 내 생명의 힘이 되도록까지 하는 일인데, 학(學)이 학으로만 있지 않고 신(信)이 되면, 신이 또 신으로만 있지 않고 새 활동으로 변화해 나오게까지 되자는 것인데, 그것은 그 일을 사랑함으로만 될 수 있다. 애(愛)이기 때문에 즐거운 것이다(함석헌, 1983)."

'깨닫는 존재'는 인간이 자신의 본성을 찾아나가는 궁극적 지향점이다. 마음의 근원으로 돌아가 내 속에 있는 또 다른 나를 자각함으로써 나를 변화시키는 것이다. 나를 변화시킨다는 의미는 새로운 나를 만들어내는 일이라기보다는 원래의 나, 근본으로서의 나, 진짜 나(眞我), 배움의 본성을 타고난 호모 에루디티오(Homo Eruditio)로서의 나를 만나고 회복해내는 작업을 의미한다.

인간에게 배움이 중요한 이유는 그것을 바탕으로 세계와 인간에 대해 사유할 수 있기 때문이다. 세계와 인간에 대한 사유에서 핵심은 주어진 질문에 대해 정답(定答)을 수동적으로 받아들이는 것이 아니라, 자기 스스로 질문을 구성하고 그 해답(解答)을 찾아가는 과정 자체에 있다. 자기와 세계에 대한 본질적인 질문을 던지는 배움, 질문의 해답을 각자 더불어 찾아나감으로써 조화롭지만 동일하지 않은 화이부동(和而不同)의 과정으로서 배움정신을 회복하는 일이야말로 우리 교육 문제의 얽히고설킨 실타래를 풀어나갈 수 있는 기초가 될 수 있다.

화이부동의 배움은 생각과 모습이 다르다고 열등하거나 틀리다고 보는 것이 아니라, 있는 그대로 서로 다른 것으로 보고 이해하고 똘레랑(tolerance)하는 것이다. 서로 다르기 때문에 틀린 것이 아니라, 서로 다르기 때문에 아름다운 것이다. 그로 인해 비록 문제해결을 위해서는 시간이 걸리지만 평화적인 방법을 추구하는 화이부동의 정신이 필요한 것이다.

7. 나가며

함석헌의 씨알교육사상은 생각과 실천이 서로 각각 유리된 것이 아니라 인간 스스로가 생각하고 동시에 실천함으로써 삶의 깨달음을 경험할 것을 지향한다. 이는 인간의 앎과 행함이 곧 삶임을 직시하고 있는 것이다. 함석헌의 씨알교육사상은 지금껏 강조되어 왔던 학교 중심의 교·육·학·습(敎·育·學·習)을 넘어선 구·제·신·애(救·濟·信·愛)의 배움을 강조한다. 함석헌이 주창하는 배움은 생(生)과 명(命)을 위한 맞춤의 배움, 대듦의 배움, 그리고 창조의 배움을 말하며, 구제신애의 배움은 바로 삶의 태어남, 삶의 피어남, 삶의 이루어짐을 위한 인간의 본능인 것이다. 정보 중심의 학교 교육을 넘어선 사람 중심의 평생 배움이 중요함을 강조하는 구제신애의 배움은 묻기의 배움, 더불어 배움, 각자의 배움, 화이부동의 배움을 통해서 실천될 수 있다.[21]

공동체 어르신들 사이의 주고받고 나누는 관계는 기본적으로 '사람(人) 사이(間), 즉 인간(人間)'에게서 발생한다.[22] 어르신 사회에서 벌어지는 배움 현상은 배움을 계속하는 각자(各自)의 몸과 마음과 영혼, 그리고 각자를 둘러싸고 있는 타자(他者)라는 환경 간의 관계망을 넓혀가는 과정이라고 할 수 있다. 이런 어르신들의 배움 망은 각자의 영혼에 작동하는 것처럼 다른 이의 배움에도 작용함으로써 서로 만남, 서로 만들어 감, 서로 즐김, 서로 자람을 가능하게 만들어준다. 배움은 서로를 엮어 가는 씨줄과 날줄과 마찬가지로 따로 또 같이, 각자 더불어 살아 움직이는 생명체인 것이다.[23]

3장 배움 인식론

Ⅰ. 일상 배움론
Ⅱ. 사교육 배움론
Ⅲ. 미래학교 배움론

Ⅰ. 일상 배움론

1. 들어가며

　2020년 1월, Covid-19 팬데믹이 전 세계 인류의 일상을 흔들어 놓았다. 특별한 상황이 기본이 되었고, 그런 기본이 일상생활로 자리매김하는데 걸리는 시간이 가속화되었다. 기본적인 근무형태가 출퇴근 중심에서 원격근무 위주로 바뀌었고, 줄어든 출퇴근 시간은 오히려 개인의 여가시간으로 활용 가능해졌다. 외식과 만남이 줄어들면서 배달이 활성화 되었고, 혼밥, 혼술, 혼집 등 혼자 하는 생활이 하나의 뉴노멀로 등장하였다. 특히, 학교를 비롯한 교육 현장은 일상적인 수업 방식의 변화와 학교 공간의 존재 이유에 대한 의문을 가져오게 되었다. 비대면 온라인 수업이 기존 대면식 면대면 수업 방식을 대체하게 되면서, 비일상적 보조적 비대면 수업이 새로운 일상으로 자리매김하고 있다. 교육 현장뿐만 아니라 사회 곳곳에서 비일상의 일상화가 진행되고 있다. 그 속에서 인간 존재들은 하루하루 적응하고 적용하며 살아나가고 있다. 일상의 비일상화와 비일상의 일상화가 혼재하는 가운데 미래사회의 일상을 어떻게 정의하고 재구성할 수 있을지가 관건이 되었다.
　지루한 일상의 반복에 대한 탈출과 단계적 일상 회복에 대한 희구가 이어지고 있다. 이미 다가온 포스트 코로나 시대에는 또 다른 반복된 일상에서의 탈출과 그러한 일상으로의 회귀가 다시금 반복될 것이다. 사전적으로 일상(日常)은 '날마다 반복되는 생활'로 정의

된다. 일상 개념의 출발은 산업혁명과 맥을 같이 한다. 농업혁명을 통해 원시 이주민들이 정주민으로 자리 잡았다면, 18세기 영국의 산업혁명을 기점으로 이들 정주민들은 날마다 반복되는 일상생활을 시작하게 되었다. 공장 기계처럼 정해진 시간 반복해서 일해야 하는 노동과 이를 보충하기 위한 휴식으로 구분된 삶을 살아야 했다. 생산성 향상을 위한 시간관리와 동작관리, 표준화와 효율화를 추구하면서 일상은 반복적인 지루함과 회피 대상으로 치부되었다.[24]

강영안에 따르면, 일상은 다섯 가지 특징을 지닌다. 즉, 반복성, 필연성, 유사성, 평범성, 일시성 등이 그것이다.[25] 특히, 일상은 지속적인 반복으로 인해 진부함으로 치부되기도 한다. 급변하는 사회환경 변화 속에서 지속성, 반복성, 평범성, 일시성 등은 각광받지 못하고 있다. 지구력보다는 순발력이 요구되는 것이 현실이다. 하지만 새로운 무엇인가의 창조와 탄생은 지난한 반복과 인내의 과정을 거친다. 그런 의미에서, 일상은 인간 삶의 창조적 동력이고 배움의 원천이다.

원래부터 일상은 인간의 삶이었다. 일상은 매일 같이 되풀이되는 주기적인 시간 구조를 타고났다. 반복되기 때문에 제 자리로 회귀해오는 것이며 그래서 진부한 것이다. 이변을 문제 삼지 않기 때문에 사소하고 하찮은 영역으로 간주되기 쉽다. 하루하루 매일매일 구체적이고 반복적인 삶의 모습이 인간의 일상(日常)이며 생활(生活)이다. 일상은 아침에 눈을 뜨고 밤에 잠이 들 때까지 시간의 흐름을 품고 있다. 동시에, 일상은 가정에서부터 지역사회와 일터 등에 이르는 공간의 이동을 포괄한다. 이러한 시간과 공간 속에서 인간의 활동을 품고 있기에, 일상은 평생 배움의 대상이며 삶살이의 주요한 소재다.

2. 일상의 배리성과 배움에의 무심함:
   일상의 비일상화 & 비일상의 일상화

코로나 팬데믹은 일상의 학교 수업 판형을 바꿔놓았다. 자의든 타의든 비대면 수업이 기존의 대면식 수업방식을 대체하였고, 그 속도 또한 가속화하고 있다. 초중등학교에서는 부분적인 출석수업과 함께 비대면 수업을 진행하였고, 대학에서는 일부 실험실습 및 소규모 교과를 제외하고는 비대면 수업을 추진하였다. 일상적인 대면 수업이 비일상적인 비대면 수업으로 변모하여 자리 잡은 것이다. 그리고 이제는 비일상적 비대면 수업이 일상화를 추구하고 있다.

이러한 상황에서 일상적인 학교 수업이 무엇이고 어떠해야 하는지에 대한 정의가 모호해진다. 비대면 수업은 어디까지나 재난 상황에서 일시적 예외로 적용되는 비일상적인 교육이었음에도 불구하고, 어느 순간 기존의 일상적인 대면 수업의 자리를 대체하는 상황에 놓여 있는 것이다. 한편에서는 코로나 팬데믹이 종식되면 기존의 일상적인 대면 수업으로 되돌아가리라는 기대를 가지고 있는 동시에, 다른 한편에서는 포스트 코로나 시대의 일상적 수업은 온라인 비대면이 대세라는 인식이 흐르고 있다. 일상의 비일상화와 비일상의 일상화 속에서 교육의 일상을 어떻게 정의하고 재구성하고 바꿔나갈 수 있을지가 관건이 되고 있다.

일상은 다양한 행태로 그 모습을 드러낸다. 잠을 자고, 밥을 먹고, 일을 하고, 책을 읽고, 타인을 만나고, 여행을 하는 등등의 모습으로 일상을 보낸다. 어느 때는 홀로 고독과 침묵 속으로 침잠하기도 하고, 또 어느 때는 함께 더불어 생활하기도 한다. 이 모든 일상의 존재 행태는 각자 겉으로 드러나는 의도와는 또 다른 의미를 내포한다. 이를 통해 일상으로부터 삶의 꼴, 삶의 깔, 삶의 결을 찾아낼 수 있다.

일상을 바꾸기 위한 배움은 일상에서 출발한다. 앙리 르페브르에 따르면, 일상성의 틀에서 벗어나기 위해서는 문화혁명이 필요하다. 즉, "일상이 당신에게 작품이 되게 하라!"는 강령 속에서 자신의 육체, 마음, 시간, 공간을 나 아닌 다른 이에게 저당 잡히는 것이 아니라 온전히 자신의 것으로 만들라는 것이다. 르페브르의 문화혁명은 개인의 소외를 넘어서서 인간의 총체성을 회복하자는 선언이다. 이러한 문화혁명이 가능하려면 각자의 배움에 대한 열정을 작동시키는 마음혁명, 소유론적 혁명을 넘어서는 존재론적 혁명이 동반해야 한다. 새로운 변화 가능성은 일탈과 배리로부터 시작하며,[26] 이러한 혁명을 이끄는 동력이 배움이다.[27]

배움은 숨쉬기다. 들이마시고 내쉬고를 반복하는 과정이 배움이다. 특별한 상황이 아니라면 굳이 의식하면서 숨을 쉬지 않는다. 그저 무심하게 숨 쉰다. 살아있는 생물은 살아가는 동안 숨을 쉬지만, 매순간마다 숨 쉬기에 신경 쓰는 일은 없다. 반복되는 일상 속에서 인간은 숨쉬기에 무심하다. 생물학적으로 숨을 쉰다는 것은 생명체 스스로 몸 속 세포에 산소를 공급하면서 이산화탄소를 배출하는 과정이다. 이 과정은 잠시도 멈추지 않는다. 숨 쉬는 과정이 멈추면 그 순간부터 생물로서의 본질적 가치는 삭제된다. 그래서 숨쉬기는 생명을 유지하는 결정적 요소다. 그런 숨쉬기에 대해서 인간들은 무심하다.

인간이 배움에 무심한 것은 어쩌면 스스로 자기의 살아 숨 쉬고 있음을 알려주는 호흡에 무심한 것처럼 자연스러운 일인지도 모른다. 마치 햇빛이 비치는 것을 일부러 의식하지 않거나, 공기의 존재에 대해 매순간 의식하지 않는 것과 마찬가지다. 오히려 일상 속에서 숨쉬기를 의식하는 순간은 긴급 상황일 가능성이 높다. 숨쉬기에 불편함을 느끼는 순간은 삶과 죽음의 경계에 내몰리는 결정적인 시간이기 때문이다. 그런 의미에서, "숨넘어간다."는 표현은 투우사와 맞선 황소에게 뿐만 아니라 인간 삶에서도 그 어느 때보다 '진실의 순간(moment of truth)'인 것이다.

3. 루틴의 이중성과 몸의 의미화 배움 공식($E=mc^2$)

현대인에게 반복은 인기가 없다. 변화는 그저 불편한 것이고, 그래서 사는 게 지겹다. 그날이 그날 같고, 하루하루가 비슷비슷하다. 일상에 기억할만한 아무 일도 일어나지 않을 때도 많다. 루틴(routine)한 일상에 대한 두려움 속에서 하루를 지내고 있다. 지루하게 반복되는 판에 박힌 걸림돌의 제거와 일탈을 소망하게 된다. 이와 반대로, 루틴으로부터 창조적 힘을 얻는 경우도 있다. 운동선수들이 대표적이다. 마치 징크스처럼 자신만의 루틴을 가지고 있다. 결정적인 순간을 맞닥뜨리면 어김없이 루틴을 시행한다. 아니, 이미 습관적으로 루틴을 수행하고 있다. 루틴을 잊어버리거나 조금이라도 어긋나면 승리도 성취도 그 무엇도 제대로 이루어 낼 수가 없다. 고도의 집중력과 안정감을 확보하기 위한 유일한 디딤돌이 루틴이다.

이처럼 루틴은 걸림돌의 부정적인 측면과 디딤돌의 긍정적인 측면을 함께 지니고 있는 양날의 검이다. 루틴은 판에 박힌 일상의 반복과 지루함이라는 거부 대상이면서, 동시에 상상과 창조의 완결을 위한 최적 상태로의 진입이라는 희구 대상이기도 하다. 루틴의 이중성에 대한 옳고 그름을 가리기보다는 루틴을 반복하는 이유를 찾는 것이 중요하다. 이는 반복되는 일상 속에서 작지만 확실하게 의미 있는 변화를 맞이할 수 있기 때문이다. 그러면서 각자에게 어울리는 삶의 의미를 찾고 의의를 배가시켜 나갈 수 있다. 반복하는 행동이나 습관을 통해서 각자 나름대로 맷집도 생기고 끈기도 갖추고, 그러면서 가끔은 모험도 하고, 또 가끔은 실험도 하면서 자아실현을 위한 보다 가치 있게 삶을 꾸려나가는 것이다.

자아실현을 하기 위해서는 배움의 의미 찾기부터 다시 시작해야 한다. 인간은 가르치기 이전에 배우기를 먼저 한다는 사실에 대한 근본적인 이해로부터 시작할 필요가 있다. 인간의 삶은 단순히 육체를 구성하는 몸만을 유지하는 것이 아니다. 몸을 하나의 생명으로 보존하게 하는 숨을 통해 살아간다. 몸과 숨의 결합인 육체(the corporal)의 생(生)과 명(命) 유지를 통해 인간은 다양한 의미를 매일같이 만들어내며 일상을 유지한다. 의미(meaning)는 몸(body)을 통해 마음(mind)과 조화를 이루며 창조해내는 작품이다. 의미가 없으면 삶에는 그 어떤 가치도 없어진다. 그래서 일상을 통해 인간은 의미를 찾고 의미를 만들어낸다. 인간의 생명과 일상은 몸과 숨이라는 육체와 마음의 합주, 그리고 이를 지휘하는 배움으로 귀결되기에, 배움의 공식은 $E=mc^2$, 즉, '배움=뫔의 의미화'로 정리할 수 있다. 여기서 E는 Erudition(배움), m은 meaning(의미화), c는 mind as the corporal inside와 body as the corporal outside이다. 배움은 인간의 몸과 마음으로 구성되어 있기에, 몸과 마음을 조합하여 뫔이라고 표현한다.

배움 공식이 처음 선을 보인 것은 <학습학(學習學)>이라는 책에서였다. 당시 배움 공식은 의미(meaning)와 의의(significance)의 자승, 즉, $L=ms^2$이었다. 여기서 L은 learning, m은 meaning, s는 significance라고 정리되었다. <학습학>에서 말하는 의의는 인간이 평생을 살아가는 절대적 존재 이유, 즉, 실존적 가치를 지칭하는 것이었다. 생명을 가진 모든 존재들이 하루하루 일상을 살아가는 이유는 생(生)과 명(命)을 지켜가면서 삶의 의미를 만들어내기 위해서다. 생명(生命)에 대한 의미가 있어야 왜 살아야 하는지에 대한 의의를 찾을 수 있다. 삶에 대한 의미가 없다면 살아야 할 의의를 갖지 못하기 때문이다. 이 배움 공식 $L=ms^2$이 $E=ms^2$를 거쳐서 마침내 $E=mc^2$으로 정리되는 과정은 어느 한 학자의 지난한 사고실험과 스스로 몸의 의미화 작업이 있었기 때문에 가능했다.[28]

4. 일상과 개조와 배움의 아비투스

일상은 문제의 연속이다. 커다란 사태가 발생해도 문제고, 지루함이 반복되어도 문제라면 문제다. 크든 작든 문제는 해결해야 한다. 물론 어느 정도 시간이 지나면 해결되는 경우도 있겠지만, 사소하다고 놔두어서는 문제가 해결되지 않는다. 문제를 해결하기 위해서는 대안을 모색해야 하고, 그러기 위해서는 배워야 한다. 기존에 유사한 문제가 발생했었는지 과거를 돌아보고, 현재의 당면 문제를 직시하며 바라보고, 다가올 미래를 대비하며 내다볼 줄 알아야 한다.

이런 배움의 과정은 개조를 추구한다. 인간의 배움은 지속적인 채움과 비움과 나눔과 쉼이 반복되는 개조 과정이다. 개조는 비우고 거듭나는 배움의 실천 목표다. 여기서 개조는 완결형(been)이라기보다는 진행형(being)이다. 개조(reformatting)는 어지럽고 혼잡한 USB나 하드드라이버를 최초 공장 출고 상태로 새롭게 복원해내는 포맷(format) 과정의 반복(re-)이다. 다양한 데이터와 소프트웨어들을 저장해서 활용하는 하드드라이버나 USB가 어느 순간 자신의 용량을 모두 채우게 되거나 또는 조각난 파일들과 찌꺼기들이 많이 쌓이게 되면, 처음 공장에서 출시한 상태로 되돌리는 포맷 작업을 반복하게 된다. 이러한 리포매팅(reformatting)을 함으로써 기존의 어지럽고 복잡했던 구조를 한 순간에 깨끗이 정리하고 새롭게 판을 짜내는 '틀바꿈'을 할 수 있다.

개조(reformatting)는 개혁이나 혁신과는 차이가 있다. 먼저, 개혁은 완결형이고, 개조는 진행형이다. 개혁(reformation)은 정치 사회적으로 기존의 체제를 합법적으로 고쳐 나가는 것이다. 개혁은 기존 체제가 허용하는 범위 안에서 사회적 모순을 제거하는 것이며, 이를 통해 기존 체제의 붕괴를 거부하고 유지 보존하고자 한다. 이런 개혁이 과거의 체제나 추세와 조화를 이루면서 부분적이고 한정된 변화를 추구하는 완결형의 탈바꿈이라면, 개조는 기존의 제도나 체제를 전면적으로 변화시키는 진행형의 틀바꿈이라고 할 수 있다.

한편, 혁신(innovation)이 일회적 캠페인성 운동의 성격을 가지고 있다면 개조는 반복적인 삶의 과정이라고 할 수 있다. 원래 이노베이션은 새롭다는 뜻의 라틴어 '노바(nova)'에서 나왔다. 혁신은 기존의 제품이나 작업방법에 뭔가 새로운 것을 더하거나 도입하는 일을 뜻한다. 혁신은 개인이나 조직의 주체적 변화보다는 외부환경에 의해 주어진 변화에 적응하기 위한 객체적 움직임의 성격이 강하다. 이에 비해, 개조는 환경의 변화에 적응하는 수준을 넘어서서 새롭게 변화를 창조해나가는 주체적 성격을 지니고 있다. 한마디로, 혁신이 일회적 탈바꿈이라면 개조는 반복적 틀바꿈이라고 할 수 있다.

개조의 시작은 자기각성(self-awakening)에서부터다. 개조는 배우는 사람이 인지하고 있는 역사와 전통, 사회 문화 구조 등 그 모든 것에 포함된 인식, 사고, 행동의 틀바꿈, 또는 폐기 후 여백을 새로운 그 무엇으로 채운 상태를 지칭한다. 개조 배움(erudition of reformatting)은 배우는 사람의 의식을 바꿔서 그것이 행동으로 드러나게 함으로써 이전과는 다른 인식과 사고와 행동의 틀을 가진 존재로 거듭나도록 하는 배움이다. 따라서 개조 배움은 가치가 개입(value-added)되고, 가치 판단 후 그 행위의 결과까지를 포함한다. 가치의 개입은 결국 각자에게 자기각성과 자기결단을 요구한다.

개조 배움은 각자와 사회의 배움 성취, 즉 변화된 행위와 의식과 더불어, 상호 협동이라는 두 가지 목표를 추구한다. 전자가 개조 배움의 결과물이라면 후자는 개조 배움을 위한 실천방법이 된다. 배움학은 배우는 사람 스스로 자신의 행동을 수정할 수 있도록 만들어주는 자기결정과 자기각성(self-determination and self-awakening) 능력을 길러주는 배움과 그것을 통한 개조능력개발, 이를 바탕으로 한 사회참여를 중요시한다. 일반적으로 자기주도성은 자기의 삶에 있어서 주체적으로 자기 삶의 질을 향상하기 위해 외부의 간섭 없이 자기 스스로 선택하고 자기 스스로 결정하고 자기 스스로 활동하는 각자의 주체역량을 의미한다.

일상의 개조는 하루하루 반복되는 일상이 놀라운 기적이고 감사의 조건임을 고백하는 자기각성의 반복이다. 세계는 영원히 새롭고, 결코 광채를 잃는 법이 없으므로, 세계가 존재한다는 사실 자체가 이미 놀라운 기적이다. 이러한 기적을 받아들이는 각자의 의식과 지각을 각성해야 하는 것이다. 이미 고착화된 의식의 틀 속에서 기계적이고 반복적으로 살아간다면, 어쩌면 그것은 삶이 아닐지도 모른다. 스스로 나 자신의 삶이 아닌 그 누군가의 삶을 살지 않기 위해서는 일상의 개조를 반복하는 결심과 결단과 결행이 필요하다. 마야 안젤루(Maya Angelou)의 이야기처럼, "인생은 우리가 숨을 쉰 횟수가 아니라, 숨 막힐 정도로 벅찬 순간을 얼마나 많이 가졌는가로 평가"되기 때문이다.29)

한편, 개조의 일상화는 새로운 배움을 받아들이고 맞닥뜨린 문제를 해결하기 위한 시간의 확보와 공간의 확장, 배움의 여백을 늘리기 위한 리포매팅(reformatting)의 실천을 요구한다. 인간의 배움을 둘러싼 교육적, 문화적 조건은 문제해결과 개조의 일상화의 필요를 불러일으킨다. 이 조건들은 다른 동물들에게는 불필요하지만 인간에게는 절대적이다. 다른 동물들에게 교육적이고 문화적인 조건이 불필요한 이유는 이들에게 삶의 질이라는 개념을 찾아볼 수 없기 때문이다. 삶의 질을 다른 동물들의 생활에서 찾아보기 어려운 이유는 이들 동물에게서는 배움의 본능을 발견할 수 없기 때문이다. 배움은 자기주도적인 문제해결을 추구한다. 특히, 작은 문제를 해결하는데 주의를 기울이면 일상은 달라질 수 있다. 겉으로 보기에는 사소해 보이지만 그 안에 큰 힘을 지니고 있는 일들이 존재한다. 이를 해결하면 큰 변화가 찾아온다. 브래드 워너(Brad Wanna)의 말처럼 "이 세상에 살면서 우리가 갖고 있는 큰 문제들은 사실 본질적으로 평범하고 작은 문제들이 쌓여 있는 불쾌하게 큰 더미일 뿐이다. 결국, 작은 문제들을 처리함으로써 큰 문제들을 해결하는 것"이다.

아비투스(habitus)는 습관처럼 보이지만 실은 하나의 지성적 덕

(德)을 칭한다. 아비투스는 예술, 과학, 이해, 예지 또는 덕성(moral virtue)으로 간주되어 왔다. 아비투스는 인간이 지녀야 될 일종의 자질이나 됨됨이와 같은 품(品)을 말한다. 품은 습속, 습관, 관습, 격30) 등의 의미를 함께 지니고 있다. 인간이라면 지니고 있거나 지녀야 할 품이 바로 덕성이다. 도리스 메르틴은 아비투스를 세상을 사는 방식과 태도라고 말하면서, 타인과 자신을 구별 짓게 할 수 있는 여러 범주의 자본으로 심리자본, 문화자본, 지식자본, 경제자본, 신체자본, 언어자본, 사회자본 등의 일곱 가지를 제시하였고 이 모든 자본이 아비투스에 영향을 미친다고 하였다.

원래 부르디외(Bourdieu)가 이야기한 아비투스는 아리스토텔레스가 주장한 헥시스(hexis), 즉 품(品)에서 출발했다. 아리스토텔레스는 인간의 품성과 품격의 중요성을 주장했다. 그는 인간의 품(品)을 헥시스라고 불렀다. 그의 헥시스 이론에 따르면, 사람은 누구나 자기 나름대로의 품을 갖고 있고, 그것은 급작스럽게 만들어지는 것이 아니라 오랜 시간을 두고 접하고 익히고 만드는 과정의 반복과 실천을 통해 이루어진다. 다시 말해서, 바람직한 행위와 정보를 먼저 접하고, 그것에 연관된 여러 기술들을 익히고, 다시 그것들에 대해 의미를 부여하여 새롭게 만들어 봄으로써, 그것이 각자의 삶과 더불어 사는 공동체를 위해 실용적인 쓰임새를 갖는지를 점검한다. 의미 있는 것은 그대로 활용하고 그렇지 않은 것은 폐기하는 과정의 소산물이 인간의 품을 이루게 된다. 헥시스(hexis)는 인간의 정신에 생기는 그 어떤 기질과 같은 것이다. 헥시스는 상태라는 뜻을 가진 말로서, 일반적으로 사람의 기질이나 성격을 일컫는다. 아리스토텔레스는 이렇게 인간에게 좋고 바람직한 품, 즉, 헥시스를 갖게 하는 것이 배우는 사람들이 추구해야 할 일이라고 주장했다.

일상에서 벌어지는 문제와 갈등은 하나의 투쟁이고 숙제다. 이런 투쟁에서 살아남는 배움이, 숙제를 풀어내는 배움이 사회문화를 이끌어가는 아비투스로 남는다. 사람들은 문화적으로 품격 있고 격조 높은 사람들에 상응하려고 노력한다. 그런 일상적인 배움의 개조와 실천 속에서 배움의 아비투스를 가질 수 있기 때문이다. 일상의 개조와 개조의 일상화로 이어지는 배움의 실천과 배움에로의 참여는 사회적, 문화적, 교육적인 의식(儀式: ritual)으로 작동한다. 이런 의식은 배움 참여자들에게 부르디외가 말하는 인간의 문화자본 구축 요구를 충족시켜 주는 기제이며 자아실현을 위한 수단이 될 수 있다.

인간에게 있어서 배움은 누구나 평생에 걸쳐 찾아나서야 하는 삶의 지향점이면서 동시에 실천 방법이다. 배움은 자아실현의 시작점이며 동시에 종착점인 것이다. 배움은 일상과 개조와 아비투스의 조화 속에서 자아를 실현하고 나아가 사회를 구현해 나가는 삶의 여행이다. 이러한 여행 속에서 때로는 길을 잃고 헤매기도 하고, 또 때로는 새롭게 길을 만들어 나가기도 한다. 여행에서 중요한 도구 중의 하나가 바로 나침반이다. 일상의 개조와 개조의 일상화를 통해 각자 삶살이에 유용한 나침반을 준비하는 것이 포스트 코로나 시대를 대비하는 첩경일 수 있다.

5. 나가며: 일상의 배움학, 접하고 익히고 만들기의 學/習/學

"2030년을 준비하기에는 아직 늦지 않았다. 중요한 것은 우리가 아는 세상이 10년 이내, 적어도 우리의 인생 어느 지점에서 사라질 수밖에 없다는 사실을 깨달아야 한다는 점이다. 이런 깨달음은 기존 사고방식이나 사상을 계속 존중하는 대신 도전하는 방향으로 이어져야 한다. 다양하게 생각하고 점진적으로 발전시키며 모든 선택의 여지를 열어두고 새로운 기회에 집중하며 부족한 상황을 두려워하지 않고 흐름을 놓치지 않음으로써 수평적 연결을 추구하라… (중략) 그리고 기억하라. 이제는 돌이킬 수 없다. 우리가 아는 세상은 변하고 있으며 결코 원래의 모습으로 돌아가지 않는다는 사실을. 세상은 변하고 있다. 그것도 영원히(마우로 기옌, 2020)."

코로나 팬데믹은 기존의 일상을 송두리째 흔들었다. 많은 이들이 혼란과 혼돈 속에서 하루하루 버텨내며 살아가고 있다. 이런 반복적인 하루하루가 다시금 새로운 일상으로 자리하고 있다. 코로나 팬데믹의 종식 여부를 떠나서, 이미 다가온 미래는 그 속도를 더욱 가속화할 것이다. 미래사회를 준비하고 새롭게 창조해 나가는 교육의 중핵에는 결국 배움이 존재할 수밖에 없다. 반복되는 일상을 반복하면서 이를 체화하고 습관화하고 개조하면서 새로움을 창조해나가는 배움의 방법이 있을 뿐이다.

일상의 배움은 접하고 익히고 만들기의 學/習/學을 강조한다. 접하고 익히고 만들기의 배움은 몰입(flow)과 삼매(三昧)에 초점을 맞춘다. 삶 속에 깊이 도취되고 푹 빠져 들어가는 삼매경은 행복의 극치다. 삶에 젖어들고 녹아드는 삼매는 몸과 마음의 통합으로서 몸의 의미를 북돋아 주기 때문이다. 채움의 즐거움, 비움의 기대, 나눔의 기쁨, 쉼의 여유를 북돋아 주는 일상의 배움은 각자의 삶살이뿐만 아니라 공락체의 활성화에 이바지한다. 배움은 즐거움의 토양이기에 서로 성장하고 성숙하며 즐거워하는 공동체, 엄격한 자유로움과 공정하고 공평하며 공익을 추구하는 공락체(community as conviviality)를 지향한다.

일상의 배움학은 각자 내면의 깊은 깨달음과 성찰, 이렇게 깨달은 각자들의 조화와 의식소통(inter-experience)에 기반하고 있다. 다시 말해서, 각자의 차별성과 진실성을 유지하는 동시에, 여러 각자들이 공락체를 이루고 서로 더불어 성장하고 배려하는 것이다. 일상의 배움학은 기존의 페다고지(pedagogy)에 의해 왜곡되었던 인간의 배움 본성의 지평을 다시금 새롭게 회복시켜내는 자율 활동이다. 안드라고지(andragogy)에 근거한 일상의 배움학은 소수의 승리자를 위한 교육이 아니라 모든 이를 위한 동행과 함께 하는 배움을 드러내는데 그 목적이 있다. 일상의 배움학은 하루하루 삶살이가 배움의 토양이며, 인생이라는 학교에서 평생 배우는 학생(學生)의 삶을 추구할 수 있다는 가능성을 찾아내려는 하나의 시도다.31)

Ⅱ. 사교육 배움론

1. 들어가며

교육은 항상 세간의 관심거리다. 대한민국 국민이라면 모두가 교육에 관해 각자 나름대로 일가견을 가지고 있다. 누구나 교육에 관한 한 장관이고 대통령일 만큼 교육은 모든 이의 관심을 불러일으킨다. 그동안 우리 교육에서 사교육과 공교육은 서로 대립각을 세워 왔다. 각자 스스로의 의지로 그렇게 했다기보다는 각각의 본질과는 무관하게 외부 영향에 의해 서로 대비되어졌다. 공교육과 사교육이 상호 보완제로서의 기능보다는 대체제의 관점으로 제로섬 게임에 매몰되어 왔던 것이다. 이러한 '교육 정글' 속에서는 온전한 교육의 본질을 회복하고 추구하는데 한계가 있을 수밖에 없다. 학교폭력이나 집단따돌림, 청소년 자살과 인간성 상실 등 여러 교육 사회 문제의 근원은 사교육에 있는 것이 아니다. 오히려 교육의 본질과 인간 존재에 대한 본원적인 질문을 배제한 채 기능적이고 도구적으로 시행되는 교육 행위 자체에서 기인한다고 볼 수 있다. 이제는 사교육을 바라보는 시각을 새롭게 재정립할 필요가 있다. 이를 통해 사교육과 공교육이 각자의 특성을 살리면서 서로 공존(共存), 공생(共生), 공영(共榮)할 수 있도록 배움학적 상상력을 드러내는 작업이 필요하다.

일반적으로, 사교육에 대한 개념은 학교의 정규 교육과정을 중심으로 이루어지는 공교육에 대비되는 것으로, 학교 안팎에서 행해지는 '학교에서의 정규 교육과정 이외의 다양한 교육'을 의미한다. 즉, 학생과 학부모가 학교의 정규 교육과정에서 충족하지 못한 다양한 교육적 필요와 욕구를 충족시키기 위한 목적으로 학교 안팎에서 실시하는 다양한 교육활동을 말한다. 예를 들면, 방과후학교, 학원강의, 개별과외 등의 형태로 이루어지는 교육활동이 그것이다. 이런 의미에서 보면, 사교육은 학생과 학부모가 개인적 차원에서 자신의 교육적 필요를 충족하기 위해 학교 교육과정 이외의 교육 프로그램에 참여하는 교육행위라고 할 수 있다.

교육학적 맥락에서 보면, 사교육은 학업성취도가 낮거나 정규 교과목으로 설정되어 있지 않은 과목에 대해 학교에서 별도의 교육 프로그램을 통해 그 부족한 지식을 보충 보완하는 일체의 교과 수업 이외의 활동을 지칭한다. 경제학적 측면에서 보면, 사교육은 교육적 욕구를 가진 수요자와 그 욕구에 부응하는 교육의 공급자에 의해 형성된 교육시장에서 거래되는 일종의 서비스 재화라고 볼 수 있다. 넓은 의미에서 사교육을 공교육에서 경험할 수 없는 다양한 교육적 욕구를 충족시켜 주는 교육활동이라고 정의한다면, 사교육은 크게 학교 밖 과외교육과 학교 안 방과 후 교육활동으로 구분할 수 있으나, 주로 사교육은 좁은 의미에서 학교 밖 과외교육으로 논의되고 있다.

사교육이 수행하는 기능은 긍정적 측면과 부정적 측면으로 구분할 수 있다. 사교육의 긍정적 기능으로는 학교교육의 보완 및 보충 기능, 국가의 교육투자행위의 효율성을 높이는 기능, 학생의 잠재능력개발과 소질 및 적성을 살려주는 특기보충교육을 통해 학생의 부족한 학력을 높이고 학습 의욕을 고취시키는 기능 등을 들 수 있다. 이에 반해, 과도한 사교육은 지나친 사교육 의존현상과 학교교육과정 왜곡현상을 발생시키고, 학생들의 정서적, 신체적 발달을 저해할 뿐만 아니라, 사회적 비용의 증가와 국가 경제의 왜곡 등의 문제점을 드러낸다고 지적받고 있다.

이렇듯 긍정적 측면과 부정적 측면을 동시에 가지고 있는 사교육이 그동안 공공의 적인 듯 비난과 뭇매를 맞아왔던 것이 사실이다. 한국 교육문제의 근원이 마치 사교육 때문인 것처럼 비쳐지는 모습은 사교육이라는 하나의 현상을 나름대로의 색안경으로 바라보고 판단한 결과라고 할 수 있다. 주로 부정적인 색깔의 안경을 활용한 결과가 그동안 다수를 이루었던 것이 지금까지의 견해라고 할 수 있다. 사교육 문제를 해결한다는 미명 하에 국가가 나서서 과외 활동을 수행했던 것도 사실이다.

예를 들어, 시험을 치렀는데 어느 한 친구가 100점 만점에 99점을 받았고, 또 다른 친구가 50점을 받았다고 하면, 이때 사교육이 필요한 친구는 50점 받은 친구일 것이다. 하지만 현실은 99점 받은 친구를 또 다른 99점 받은 친구들과 비교하며 100점을 받도록 사교육을 시행한다. 정작 사교육이 필요한 50점 친구는 개인적으로나 사회적으로 포기하여 낙오되어 버릴 수 있다. 극단적인 가상의 사례였지만 그렇다고 전혀 허무맹랑한 이야기는 아닐 성싶다. 하루하루 사교육에 지쳐 자살을 꿈꾼다는 초중고 학생들의 이야기를 접할 때면, 지금의 우리 교육은 1등조차도 경쟁과 스트레스 속에서 건강을 해치고 있는 모든 이를 괴롭히는 교육으로 자리매김하고 있다. 어디서 와서 어디로 가고 있는지 되돌아보지도 않은 채 무작정 앞만 보고 달려만 가고 있는 형상이다. 미래를 위한다는 미명 하에 현재를 담보로 아무 것도 보장되지 않은 내일을 향해 하루하루 그저 숨 쉬고 있는 것이다. 그 가운데서 인간 존재의 본성은 감춰진 채 스스로 드러날 그 날을 기다리고 있을 뿐이다.

사교육을 무조건 옹호하거나 무작정 비난할 수는 없다. 오히려 사교육을 다르게 바라보는 또 다른 시각을 제안할 필요가 있다. 이를 위해서는 사교육에 종사하는 관계자들의 살아있는 목소리를 통해[32] 한국 사회 전반에 퍼져있는 사교육에 대한 인식과 곡해를 파악해보고, 이를 통해 사교육을 다르게 바라보기 위한 대안적 시각을 구안할 수 있을 것이다.

2. 사교육에 대한 인식과 곡해

일반적으로 한국 사회에서 논의되고 있는 사교육에 대한 인식과 곡해에 대해 파악해보기 위해서 사교육 종사자 일곱 명에게 반구조화된 질문지를 통해서 인터뷰를 실시하였다. 질문은 총 다섯 가지였고 그 가운데서 두 가지는 기본적인 의견을 묻는 질문이고, 다른 세 가지는 사교육에 대한 일반적인 인식에 대한 질문이었다.[33]

1) 사교육의 개념과 정의는?

사교육에 대한 개념과 범위가 다양할 수 있기에, 먼저 각자 나름대로 사교육을 어떻게 정의하고 있고, 그렇게 생각하는 이유에 대해 묻고 답했다.

> A: '사교육은 공교육에 비해 좀 더 면대면 수업이 가능하고 자기주도적 학습을 할 수 있는 학습의 장'이다. 그 이유는 특목고가 학생들의 학업이 우수하기도 하지만 교사 일인당 학생 비율이 일반고에 비

해서 20명(영재고는 10명 이내) 안팎이다. 그럼에도 불구하고 사교육은 인원이 훨씬 적어(5명에서 10명 내외) 면대면 수업이 용이하고 자기주도적 학습 또한 가능하도록 프로그램이 짜여지고 있다. 학업성취를 만족하기 위한 한정된 국가의 교육예산으로는 교사 당 학생 비율 배분이 한정되어 있는 것이고, 자녀에 대한 기대수요를 '양'에서 '질'로 대체하려는 대체현상 또한 오히려 사교육쪽을 선택하게 만드는 환경배경변인으로 작동될 것이다.

D: '사교육은 교육의 양대산맥'이다. 그 이유는 사교육은 공교육과 더불어 우리나라 교육을 책임지고 있다고 생각한다. 따라서 사교육을 없애려는 시도보다는 공교육과 더불어 교육을 받는 학생들에게 더 좋은 교육서비스를 할 수 있을까하는 부분을 더 고민하고 생각해야 한다. 사교육이 우리나라 교육에 미치는 영향을 객관적으로 연구할 필요가 있다고 생각한다.

E: '사교육은 개인의 목표와 희망에 따라 선택하는 교육'이다. 초·중등교육은 의무교육으로 선택의 여지가 없고, 고등교육 또한 선택의 폭이 좁은 반면, 사교육은 개인에 따라 선택과 결정을 할 수 있기 때문에 자유로운 교육이다. 우리나라는 민주주의, 자본주의 사회로서 개인의 행복을 추구하기 위해 사교육을 한다는데 국가가 사사건건 개입을 하는 것은 무책임한 짓이다. 사교육을 안 받아서 대학진학과 진로에 불이익을 받고 한다면 국가나 정부가 무엇을 해 줄 것인가? 즉, 사교육은 '개인의 행복추구권을 충족시키기 위한 도구'이다.

F: '사교육은 대한민국의 교육문화'입니다. 그 이유는 유교사상이 깊은 우리나라 사람들은 교육만이 입신양명할 수 있는 가장 좋은 기회라고 생각했습니다. 이런 사상을 바탕으로 80년대의 군사정권 시대에도 비밀 개인교습은 이루어져 왔고, 90년대의 학원교육의 활성화를 시작으로 지금까지 이어져 왔다고 봅니다. 이제는 우리나라도 무조건적인 단속과 규제가 아니라 다른 선진국과 마찬가지로 다른 환경을

인정하고 사교육을 하나의 교육문화로 관심을 가지고 다루어야 한다고 생각합니다.

사교육 관계자들이 말하는 사교육은 공교육과 함께 한국 교육의 한 축을 담당하는 주춧돌이라고 할 수 있다. 나름대로 하나의 교육문화이기도 하고, 국가 차원에서 보면 하나의 교육산업의 한 축을 담당하고 있으며, 개인의 행복을 추구할 수 있는 권리이기도 하고, 실질적인 교수-학습 장면에서의 효율성 높은 교육방법이기도 하다.

2) 사교육비를 줄이기 위한 선결 조치는?

그렇다면 사교육비를 줄이기 위해서는 어떤 조치들이 필요한가라는 질문에 사교육 관계자들은 다음과 같이 응답했다.

A: 사교육비를 줄이려면 사교육비를 현실화해야 한다. 그 이유는 현재 수강료 산정기준은 기본수강료(현재 분당 최대 94.8원, 시간당 5,800원선), 선택적 경비(입학금, 모의고사비, 보충수업비, 자율학습비 등), 기타경비(급식비, 교재비 등) 등이다. 현실성 없는 기본수강료 책정으로 인해 여러 형식적 항목을 추가하거나 수강료를 초과징수 할 수밖에 없는 현실이 되고 있다. 수강료를 시장원리에 맞게 현실화하고 그 규정을 통한 행정조치를 해야 한다. 현실성 없는 솜방망이의 행정조치가 사교육비를 줄이는 데는 아무런 실효성이 없는 것이다. 숨 쉴 숨통을 터놓고 잡아야하질 않겠나하는 생각이 든다.

B: 사교육비를 줄이려면 공교육이라고 말하는 학교에서 맞춤식 교육구조를 만들고 교육과 관련이 없는 잡업무보다 교육의 질을 높이는 노력이 필요할거라는 생각이 듭니다. 학교 역시 공교육과 사교육을 무조건 구분하며 사교육을 질타하기보다는 실력으로 승부한다는

생각으로 진화해야한다는 생각이 듭니다.

C: 우선 학교는 단과반으로 재편성되어야 합니다. 교사는 겸허히 자신의 내적 역량을 쌓아야 살아갈 수 있는 제도로 재편성되어야 합니다. 학생은 학교의 수업과 학원의 수업을 취사선택해서 자신에게 맞는 학습을 받을 수 있는 권리를 회복해야 합니다. 또한 정부당국은 학습과목 인증제를 도입하여, 언제 어디서나 시간의 구애됨이 없이 인증시험을 치룰 수 있는 인증시스템을 구축하도록 하여야 하고, 문화여건을 조성하고 문화·인문 영역을 대폭 확대하고, 학교제도를 유지하기 위해서 드는 비용을 국민문화시설에 투자하도록 하여야 할 것입니다.

D: 양성적으로 드러나는 사교육비는 교육서비스를 통한 교육비를 받는 것이기 때문에 정당한 것이다. 양성적으로 드러나지 않는 고액과외 및 불법행위를 하는 학원들을 정화하는 것을 우선적으로 실시하여야 한다. 사교육비의 총액이 중요한 것이 아닌 비정상적인 것들에 대한 정상화가 필요하며, 흔히 사교육을 학원교육이라 생각하기 때문에 사교육을 말할 때 학원분야에 대해서 별도로 말을 해야 할 필요도 있다. 국가에서 사교육을 완전통제해서 사교육을 없애려는 시도가 있기 전에는 우리나라의 사회 정서상 절대 사교육비는 줄어들지 않는다고 생각한다. 따라서 사교육의 인정과 더불어 양성화하는 것이 필요하다고 생각한다.

E: 우선 대학입학전형이 다양화, 특성화 되어야 한다고 생각합니다. 내신 성적을 반영하되, 학생이 잘 하는 부분을 인정받고 키울 수 있는, 그래서 어려서부터 여러 학원을 안다녀도 되면 (논술시험이 강화되면 논술학원이 문전성시를 이루더니, 논술시험이 약화되니 논술학원은 썰렁? 이젠 입학사정관제도에 맞는 학원수업이 생긴다나요???) 된다고 생각합니다. 그리고 사회구조가 학력만큼 능력이 존중되는 사회로 변화할 수 있도록 기업, 국가가 제도를 바꾼다면 모두가 대학만

을 고집하지 않기 때문에 지금과 같은 사교육비는 절감을 할 수 있다고 생각합니다.

F: 제가 생각하기에 사교육비를 줄이려면 일단 대학의 서열화부터 없어져야 한다고 생각합니다. 대학별 순위를 만드는 것이 아니라, 대학교를 특성화 시켜서 서울 제1대학은 자연과학분야, 서울 제2대학은 인문사회 분야처럼 이루어진다면 사교육비를 줄일 수 있다고 생각합니다. 더 큰 의미로 내다본다면 사회의 서열화를 없애면 가능하다고 봅니다. 예컨대 입사원서에서 학력 기재사항을 철폐한다던지 인맥을 통한 승진들을 없애면 가능할 것 같습니다.

사교육비 경감에 대한 사교육 관계자들의 의견은 사교육비 현실화부터 학교 내실화와 교사의 질 관리, 대학입학전형의 다양화까지 다양했다. 이들 의견들을 볼 때, 사교육에 몸담고 있는 관계자들이 단순히 개인의 영리 추구라는 미시적인 목적으로 사업을 추진하고 있다기보다는 좀 더 거시적인 안목에서 우리 교육의 진일보를 위해 고민하고 있음을 알 수 있었다.

3) 사교육의 반대는 공교육인가?

공교육과 사교육은 서로 반대라는 인식이 팽배해 있다. 그래서 '사교육을 잡으면 공교육이 정상화된다'는 논리가 성립할 수 있는데, 이에 대한 답변을 들었다.

A: 내가 아는 관련분야의 고위공직자 분(학생의 부친임)의 자녀가 있다. 사교육을 받는 학생의 부친은 오늘도 열심히 사교육 단속에 앞장서고 있다. 그런데, 어머니는 자녀를 특목고를 보내려고 밤 11시

넘는 시간에도 학원 강의가 끝나는 시간에 맞춰 남의 눈을 의식하며 학원 휴게실이 아닌 학원에서 다소 떨어진 곳에서 아이를 데려 가기 위해 대기하고 있다. 일반적인 경제 사고와 정치 논리로는 사교육을 폐지하고 싶지만, 한편 자녀를 생각하면 폐지를 쉽게 주장하기도 어렵다고 살짝 이야기한다.

B: 공교육은 학생들에게 선택권이 없는 채로 이루어지고 있고 사교육은 학생들의 선택권과 학생들에 대한 피선택권을 동시에 가지고 있는 태생적인 차이와 한계가 있다고 생각합니다. 공교육을 받는 것은 누구나 먹는 밥을 비유할 수 있겠고 사교육을 받는 것은 라이프 스타일에 따라 우리가 먹는 음식들이 다르듯이 여러 반찬과 요리에 비유할 수 있지 않을까요. 누구나 원하는 맛과 선택하는 요리가 다르듯이 요리가 없어지면 밥이 살 수 있다는 논리는 억지라는 생각이 듭니다.

C: 한마디로 넌센스다. 손바닥으로 하늘을 가리는 격입니다. 공교육은 공교육일 뿐입니다. 오히려 공교육의 시간을 더 줄이고, 교육도 최소화하고, 어릴 때부터 아이들이 하고 싶은 일이나 놀이를 할 수 있도록 자유의 시간을 더 주어야 할 것입니다. 좋은 직업을 선택할 수 있는 진로의 경험을 쌓을 수 있도록 학교제도를 최소화하는 것이 정답입니다.

E: 교육기관의 형태 즉, 국가에서 교육을 하느냐, 개인이 교육을 하느냐에 따라 공교육과 사교육으로 나눠질 수 있고, 현재는 크게 공교육은 학교교육, 사교육은 학교밖교육으로 구분되는 것으로 알고 있기 때문에 공교육과 사교육이 반대되는 개념은 아닌데도… 서로 다른 것을… 반대로 생각하는 경우가 많은 것 같습니다. 사교육은 국가에서 하지 못하는 교육부터 학교교육의 결손부분을 채우는 기능과 역할을 하기 때문에 사교육을 잡는다고 공교육이 정상화 되지는 않을 거라는 생각입니다. 사교육을 잡으면 공교육의 부실은 더 가중될 것이며

이는 더 떨어질 것도 없는 국가경쟁력 하락을 부추길 것입니다.

F: 공교육의 반대는 사교육이 아니므로 사교육을 잡는다고 공교육이 정상화되기는 힘들다고 생각합니다. 공교육과 사교육은 상호 보완적인 관계인 것이지 결코 대립적인 관계가 돼서는 안된다고 생각합니다.

G: 우리나라처럼 교육적 욕구가 높고 신분의 귀천을 뒷받침하는 사회 현실상 사교육은 잡으려 해도 잡히지 않는다. 학교 공교육 교사들의 질과 수준, 교육현장이 업그레이드되지 않는 한 더욱더 사교육의 수요는 커질 것이며 현실상 수준 낮은 공교육의 보완을 사교육이 한다고 인식하고 이에 적절한 지원과 인식 전환이 필요하다.

사교육과 공교육을 서로 반대로 대비시키는 논리는 사교육에 대한 가장 기본적인 허구라고 할 수 있다. 뷔페 음식점에서 누구는 이 요리를 먹고 누구는 저 음식을 먹는 것과 마찬가지로 선택의 기회를 제공하는 것이 사교육과 공교육의 공존 이유다. 그럼에도 불구하고, 공교육과 사교육이 상호 대립각을 세워 서로 비방하고 폄하하는 사회 분위기를 조장하는 것은 교육의 선진화뿐만 아니라 국가 경쟁력을 높이는데도 도움이 되지 못할 것이다. 이는 오히려 '공교육 정상화가 무엇을 의미하고 그 기준이 무엇인지에 대해 반문'이 우선해야 함을 드러내고 있다.

공교육을 정상화시킨다고 할 때 과연 정상화된 공교육은 어떤 모습인가? 무엇을 기준으로 공교육의 정상화를 판단할 것이며, 현재 공교육의 정상화를 판단할 수 있는 기준은 마련되어져 있는지 의문이다. 사교육 폐지에 대한 주장은 결국 사교육이 폐지되면 공교육이 저절로 정상화 될 것처럼, 공교육 정상화는 곧 사교육 폐지인 양 바라보고 있다. 하지만 공교육 정상화는 사교육 폐지와는 다른 선상에서 이루어져야 할 것이다. 사교육은 학생들의 보완학습을 위해 비롯된 것이다. 지금까지 사교육은 그 역할을 충분히 감당해 왔다. 하지만, 공교육 범주에서 제공되는 교육으로는 학생들의 욕구를 충분히 충족시키지 못할 수밖에 없기에 사교육은 공교육이 미처 감당하지 못하는 이 부분을 채우기 위해 생겨난 것이다. 공교육이 특별한 재능을 가진 특수한 아이들, 평균의 범위를 벗어난 아이들, 많은 학생들의 일반적인 눈높이에 맞추어 주어지는 교육을 충분히 흡수하지 못하는 아이들 등 각각의 그 필요와 요구를 가진 학생들에게 충분한 학습을 제공하지 못할 때 사교육이 이런 부분을 보완하는 역할을 담당해 왔다. 이런 측면에서 앞으로 사교육이 완전히 폐지되기는 어려울 수 있다.

4) 사교육은 학원교육인가?

사교육은 학원교육이므로 학원을 통제하면 사교육은 잡힌다는 이야기 또한 일상화 되어 있다. 이에 대한 답변을 들었다.

> A: 학원교육은 사교육의 한 부문이고 사교육의 주된 분야이기에 학원을 잘 관리하면 공교육과 상생할 수 있는 방도가 있을 것이다.

> B: 사교육은 시장논리가 앞서서 부모들의 자존심과 경쟁심을 부추기는 부분이 있으나 교육이 지배계층의 전유물이었던 시절 교육은 사교육을 의미하는 것이었을 테고 소수의 뛰어난 선생에 의해 뛰어난 제자들이 길러졌습니다. 사교육을 학원교육으로만 규정지을 수 없

다는 생각입니다.

C: 엄밀히 보자면, 사교육 안에 일부분으로 학원교육이 포함되지요. 학원은 학원일 뿐이지요. 사교육의 범위는 최근에는 외국으로 어릴 때부터 유학을 가는 영역부터 시작을 해서, 집에서는 아버지의 직업을 따라 배울 수 있는 영역까지 모두 포함해야 하지요. 학교는 최소한의 동아리 모임 정도로, 배우는 사람이 취사선택할 수 있는 수준으로 가는 것이 순리라고 생각되어 지네요. 요즈음 주변을 보면 홈스쿨이 얼마나 많은지 점검해 보시면 머지않아 지금의 학교제도는 대폭적으로 개선되지 않으면 붕괴되리라 확신합니다.

D: 사교육을 학원교육이라고 정의하는 것 자체가 넌센스이다. 사교육에는 개인과외, 학습지, 온라인학습, 출판 등 다양한 분야가 포함되어 있다. 학원을 관리한다고 사교육이 잡히지 않는다고 생각한다. 사교육을 하는 근본 이유가 무엇인지 파악해야 하며 공교육의 정상화와 더불어 불법행위 및 고액을 받는 곳을 관리한다면 정화된 깨끗한 사교육시장이 형성될 것으로 생각한다.

E: 사교육을 학교밖교육(학원, 과외, 각종 교습소, 홈스쿨링, 대안학교, 원격교육 등등)이라고 정의한다면, 학원교육은 사교육의 일부분이지요. 그러므로 학원을 관리하면 사교육을 잡는다는 건 토끼꼬리를 만져보고 난 토끼를 잡은 적이 있다고 말하는 것과 같다는 생각이 듭니다. 그리고 정부에서 학원을 잡겠다는 것은 보습·입시학원이지 태권도나 컴퓨터, 영어, 예체능은 아니고, 실제적으로 사교육비 지출에서 보습·입시학원의 학원비가 얼마를 차지하는지를 밝힐 수 있다면 학원을 관리하면 사교육을 잡을 수 있다는 정부의 생각이 잘못된 것임을 알 것 같습니다.

학원은 사교육의 일부분일 뿐이다. 지금 한국 사회에서 백안시하고 문제시하는 사교육은 사교육 전체가 아니라 '일부 입시 중심의 과외'라고 해야 할 것이다. 그럼에도 불구하고, 일반적인 인식은 학원의 영업시간을 통제한다든지 하면서 사교육비를 줄일 수 있다는 논리를 담고 있다. 문제의 주요한 근본 원인을 제거하지 않은 채 잠시 잠깐 미봉책을 세우다가는 빈대 잡으려다 초가삼간을 다 태울 수도 있음을 인식할 필요가 있다.

5) 경쟁은 필수불가결한가?

무한경쟁시대라고 하는데 이런 시대 상황에서 경쟁은 필수불가결한가에 대한 질문에 다음과 같이 응답했다.

A: 교육의 시작은 사교육이 먼저였고 유가사상인 '文'을 중시하는 한국의 교육정서에서는 조기교육, 영재교육을 시킬 수밖에 없는 현실이다. 특히 중고등학생을 대상으로 하는 입시과외는 입시과외와 게임이론으로 설명이 가능하고 원하는 학교를 한번의 기회밖에 들어갈 수 없는 One-Shot 게임이므로 경쟁체제구도에서는 서로 피할 수 없는 갈등구조인 것이다.

B: 교육의 논리가 우선시되어야하는 조건에서 적당한 경쟁을 필요하다고 생각됩니다. 부모들의 허영과 의식이 개선되는 게 우선이겠지만 쉽지 않을 것 같습니다.

C: 이제는 그만... 성장이 누구를 위한 성장인지 한번은 되돌아 볼 필요가 있다 하겠습니다. 문명의 편리함을 누리는 것이 성장인지, 아니면 개개인의 행복이 더 중요한지 조금은 성장을 보는 시야를 넓혀 보아야 할 것입니다. 지금의 이러한 경쟁이 성장이라면, 미래의 대한

민국은 역사 속에만 존재하는 나라로 기억될 것입니다.

D: 우리나라는 남보다 더 잘하고 싶은 마음이 강하기 때문에 사교육의 열풍은 절대 줄어들 것이라고 생각하지 않는다. 평범과 비범을 한군데 모아놓고 경쟁을 한다는 것은 하향평준화 된다는 것이다. 진정한 경쟁은 상향평준화 되는 것인데 교육 분야뿐만 아니라 모든 분야에서 경쟁은 필수불가결한 것이다.

E: 경쟁이 있어야 성장과 발전은 가능하다고 생각합니다. 그러나 경쟁의 종류가 문제입니다. 자신이 잘 할 수 있어서 노력을 하면 경쟁력을 가질 수 있는 부분에 대한 경쟁(수학, 영어, 운동, 요리 등등)이면 성장과 발전의 초석이 되겠지만 우리나라 입시는 모두 잘해야 하는, 그래서 내신 성적이 전체 평균 얼마여야 하는 것이기 때문에 줄넘기 과외까지 하는 어처구니없는 일이 벌어지는 게 문제라고 생각합니다. 성장과 발전을 위해 경쟁은 필수불가결이지만, 각자의 재능을 바탕으로 한 경쟁이 가능한 입시제도나 사회구조가 변화되었으면 합니다.

F: 자본주의 사회에서 경쟁은 필수요소라고 생각합니다. 다만 과도한 경쟁으로 인한 피해는 없어야 하며 경쟁은 항상 정정당당하게 이루어져야 한다고 생각합니다.

G: 지금 현재 치열한 경쟁이 펼쳐지고 있다. 외국자본이 이미 사교육 시장에 진출해 치열한 경쟁의 각축장이다. 경쟁이 치열하다 보면 열등한 기관은 자연 도태되게 된다.

이미 경쟁은 피할 수 없는 흐름이며 성장과 발전을 위한 요건이기도 하다. 그럼에도 불구하고, 왜 경쟁을 해야 하며 그 경쟁의 결과로서의 성장과 발전이 어떤 의미인지에 대해서 깊이 있게 성찰할 필요가 있음을 또한 지적하고 있다.

이상과 같이 사교육 관계자들의 인식과 그에 따른 곡해의 내용들을 종합하면, 사교육은 단순히 입시 과외만을 의미하는 것이 아니라 보다 포괄적인 개념이라 할 수 있다. 사교육은 자기 계발을 위한 투자이며 배우는 이들 모두의 선택권이기도 하다. 사교육은 그 나름대로의 독자적인 자생력을 지니고 있다. 사교육을 공교육에 반(反)하는 개념으로 대립시켜 바라보는 것은 옳지 않은 시각이다. 사교육을 교육문제의 주범으로 내모는 시각 또한 정당하다고 할 수 없다.

미래교육의 시각에서 볼 때, 사교육과 공교육은 서로 보완하며 각자의 목표를 가지고 각자의 전략을 추진할 필요가 있다. 서로가 각자적(各自的)으로 뿐만 아니라 상호 협력하며 연계하고 조직하는 작업이 요구된다. 그 가운데서 전방위적인 소통과정이 필요하다. 이를 위해서는 사교육에 대한 국민적인 정서가 보다 긍정적이고 현실적으로 전환될 필요가 있으며, 동시에 사교육을 통제의 대상이나 정략적 수단으로 바라보는 권력집단의 나약한 생각도 정리되어야 할 것이다. 무엇보다도, 하나의 교육산업의 한 축으로 사교육에 숨겨진 잠재력을 발견(發見)하고 발굴(發掘)하고 발현(發顯)시키는 '배움학적 상상력'이 선행되어야 할 것이다.

3. 나가며

교육을 정상화시키기 위해서는 사교육비를 잡아야 한다는 교육계의 논리에 대해 배제의 리더십(exclusive leadership)의 한계를 지적하면서 그 대안으로 융화의 리더십(inclusive leadership)을 제안한 어느 교육학자가 있다.34) 말하자면, 사교육에 대한 기존 교육계와 교육정책자들의 부정적인 인식부터 바꿔야 한다는 것이다. 일반적으로 사교육을 부정적으로 바라보는 이들이 제안하는 교육정책은 사교육을 희생양으로 상정하는 개혁모형으로 정리된다. 사교육이 한국교육의 문제이자 근원이며 교육의 정상화는 사교육비의 절감으로 이뤄질 수 있다는 식의 논리로 만들어진 교육개혁정책인 것이다. 이런 시각은 교육의 문제를 해결하려는 교육정책자들이나 교육이해관계집단이 갖고 있는 배제의 리더십에서 나온 결과라고 할 수 있다. 사교육을 교육의 희생양으로 치부하는 배제의 리더십은 교육발전을 위한 해법이 될 수 없다. 그보다는 새로운 시각의 리더십, 말하자면, 사교육과 공교육 사이의 공존과 협력을 불러일으킬 수 있는 융화의 리더십이 필요한 것이다.

결국, 공교육과 사교육은 모두 교육산업의 하나의 부분이므로 공교육과 사교육 간의 공존(共存)과 공생(共生), 공영(共榮)을 통해 교육의 질을 높이고 교육산업 전체의 성장과 발전을 촉진하는 시각의 전환이 필요하다. 다양한 교육문제에 대한 해법이 가능하기 위해서는 사교육과 공교육을 융화모델이라는 새로운 시각에서 바라보는 배움학적 상상력을 드러내는 작업이 요구되며, 이런 지속적인 시도들이 바로 새로운 미래교육의 비전이며 추진 방향이다.35)

III. 미래학교 배움론

1. 들어가며

　미래는 창의력과 도전정신이 요구되는 시대다. 미래는 다양성이 존중되는 시대다. 미래는 소통과 상생이 배어있는 시대다. 통틀어서 미래는 배움의 시대다. 다가오는 미래는 새로운 가능성과 기회를 부여한다. 이를 위해 기존의 학교는 스스로의 가치와 역할에 대해서 다시금 반추해볼 필요가 있다. 지금까지 실행해 온 학교교육의 내용과 방법이 과연 미래 사회에도 충분히 적용 가능할 것인지에 대한 원론적인 질문부터 시작해야 할 것이다. 지금의 학교교육이 지닌 한계를 직시하고 이를 극복할 수 있는 미래 지향적인 학교교육의 비전과 방향을 수립하는 일이 필요한 시간이다.

　미래 학교교육의 성패는 인간 본성으로서의 배움을 여하히 드러내고 복원해내고 증진시켜 나가느냐에 달려있다. 학생들 각자가 지닌 잠재력과 배움력을 극대화 하는 작업이 미래의 학교교육에서 성취해 나가야 할 과업이다. 이를 위해서는 창의력과 도전정신을 함양할 뿐만 아니라, 다름을 인정할 수 있는 다양성을 배양하고, 나아가 언제 어디서든지 원하는 내용을 접하고 익히고 만들어 낼 수 있는 배움 정신을 회복하는 일이 미래 학교교육의 비전이며, 이를 바탕으로 열린교육, 대안교육, 배움의 평생교육이 미래 학교교육의 방향이 되어야 할 것이다.

2. 왜 미래에 관심을 가지는가?

> "대부분의 학자들은 유일한 하나의 미래보다는 대안적 미래들(alternative futures)이 실재한다고 역설한다. 그들이 도달한 결론은 미래란 근본적으로 식별 가능한 불가피한 일들의 장(場)이 아니라 아직 결정되지 않는 복수의 가능한 일들의 장이라는 것이다. 따라서 대부분의 미래학자들은 미래를 예언(prediction)하기보다 아주 다양한 대안적 미래들을 예측(prospect)한다(제임스 데이터, 2008)."

오늘이 중요한 이유는 오늘 현재가 어제 과거로부터 비롯되었기 때문이며, 지금 오늘이 내일 미래의 근간이 되기 때문이다. 미래에 대한 예측은 다가올 미래를 준비하고 그 변화에 대응한다는 원론적인 측면에서 의미 있는 작업이다. 이러한 적응적 접근(reactive approach)이 일반적인 미래 대응 전략이다. 하지만 지금 우리에게 미래에 대한 예측이 필요한 이유는 단순히 미래 변화에 대응하고 적응하기 위한 측면을 넘어서서 새로운 환경을 창조하고 발현하고자 하는 주체적 노력이 내포되어 있기 때문이다. 이러한 접근이 바로 주도적 접근(proactive approach)이다.

미래 사회는 하나의 정답(正答)이 존재하는 사회가 아니다. 다종 다양한 해답(解答)이 존재하는 사회다. 미래 사회는 다양한 대안들 속에서 최적의 현답(賢答)을 발견할 수 있는 혜안(慧眼)과 안목(眼目)과 통찰(通察)이 요구되는 사회다. 그런 측면에서, 미래의 변화에 단순히 적응하는 수준으로는 건강한 삶살이를 영위하기가 어려울 수밖에 없다. 각자가 꿈꾸고 소망하는 바를 실현하기 위해서는 자기주도적으로 미래를 창조해 나갈 필요가 있다. 미래교육에 대한 관심이 높아지는 이유 또한 여기에 있다.

3. 왜 미래교육이 중요한가?

제롬 글렌 유엔미래포럼 회장은 미래교육의 가장 큰 특징으로 사이버 공간에서 이루어지는 게임 형태의 교육을 제시하고 있다. 게임을 통한 교육은 기존의 교실에서 교과서를 통해서 전달되는 학교 교육과는 다르게 직접 체험을 통해서 접하고 익히기 때문에 빠르고 효과적으로 전달될 수 있다.

"만약 책으로 읽는 내용들이 눈앞에서 펼쳐지거나 배워야 할 내용에 주인공이 되어 직접 참여할 수 있다면 굳이 외우거나 알려고 노력하지 않아도 머릿속에 쏙쏙 들어오지 않을까? 이것보다 더 좋은 현장 학습은 없을 것이다. 미래의 교육은 직접 보고 만지며 느끼는 체험 교육이 될 것이다... 게임을 통한 교육은 단순한 지식의 전달이 아니라 문제해결능력을 길러준다. 교사와 학생이 함께 참여하여 콘텐츠를 만들고 문제가 생기거나 오류가 있는 것은 토론을 거쳐 수정한다. 학생들은 단순히 이론을 배우는 것에 그치지 않고 배운 것을 직접 실습하고 우수한 작품은 산업현장에 직접 응용한다. 일방적으로 지식을 전달받는 수동적인 교육이 아니라 개방적이면서 현장에 바로 연결되는 능동적인 교육이 바로 미래의 교육이다(신지은 외, 2008)."

교육의 중핵(core)에는 배움이 있다. 과거에는 가르치는 행위 중심의 교수(teaching) 패러다임이 중심이었다면, 현재에는 학습의 방법과 기술의 습득이라는 학습(learning) 패러다임이 주류를 이루고 있으며, 다가올 미래, 아니 이미 시작된 미래에는 교수와 학습을 초월해서 이를 포괄하는 배움(erudition) 패러다임이 교육의 중핵을 차지하게 되었다.

배움 패러다임은 기본적으로 배움의 존재 각자가 스스로 깨닫고 서로 나누고 더불어 성장하도록 돕는데 초점을 맞추고 있다. 배움 본성을 타고난 존재를 일컬어 호모 에루디티오(Homo Eruditio)라고 부른다. 이들 호모 에루디티오의 모습 속에서 인간의 온전성이 드러난다. 온전한 인간의 지적 능력은 내적 욕구에 의해 능동적으로 발달된다. 인간의 인지구조 자체가 그렇게 형성되어 있는 것이다. 이는 탄생에서 죽음에 이르는 전생애 발달과정에 적용되는 배움의 원리다.

배움의 인간에게 있어서 동화(assimilation)와 조절(accommodation), 평형(equilibrium) 기능은 하나의 새로운 스키마(schema)를 만들어내고 내적 욕구와 내재적 동기에 따라 이를 확대 지속시킨다. 인간의 배움 활동은 스스로의 생명을 마치는 순간까지 지속된다. 숨쉬기를 멈춰야만 삶이 종료되는 그 순간까지 배움의 인간은 자신의 지적 능력을 확장해 나간다. 미래교육은 이러한 인간의 배움 활동을 극대화함으로써 인간의 삶을 보다 건강하고 윤택하게 증진시켜 나가는데 목적이 있는 것이다.

4. 학교교육의 한계

"학교는 타고난 배움의 능력을 교육의 필요로 바꾸고 하나의 서비스 상품으로 판매하는 기업적 제도다. 많은 사람의 믿음과 달리 학교는 더 이상 기회의 사다리를 제공하지 않는다. 학교에 다닐수록 우리는 가난해지고 배움의 기회를 잃는다. 학교는 졸업장과 점수로 사람들의 등급을 매김으로써 사회적 기회를 차단하고 불평등을 심화하며, 제도적 서비스에만 의존하는 무능력한 인간을 길러낸다. 교육의 문제는 학교교육이 적어서가 아니라 너무 많아서 발생한다. 불평등한 사회가 불평등한 교육을 낳은 게 아니다. 학교에 원래 내재된 불평등이 사회를 더욱 불평등하게 만든 것이다. 따라서 중요한 건 학교를 해방시키는 것이 아니라 학교로부터 사회가 해방되는 것이다(이반 일리치, 2023)."

미래교육이 인간 본성으로서 배움에 초점을 맞추어 진행되어야 함에도 불구하고, 지금의 학교교육은 이를 실천하기에는 어딘가 한계를 지니고 있는 것이 사실이다. 이미 학교교육이 교육의 모든 것을 지배하던 시대는 지났다. 학교 중심 교육제도가 흔들리고 있는 것이다. 지난 몇 백년을 지켜오던 학교의 아성이 무너지고 있다. 이제 과거 학교 중심의 에듀파시즘(edufascism)으로는 각자의 성장과 발전은 물론이고, 국가와 사회, 그리고 인류공영에 이바지하기 어렵게 되었다. 교육의 새로운 판짜기가 시작되고 있다. 더 이상 학교에게 모든 이를 위한 교육을 맡겨놓을 수 없다는 자성의 목소리가 높아지고 있는 것이다.

학교가 모든 이를 위한 교육기관이 될 수 없는 이유는 여러 가지다. 첫째로, 지금의 학교는 각자(各自)의 자아실현과 정신건강 보호를 위한 교육기관일 수 없다. 이런 저런 시험 점수에 의해 학생들을 일등과 그 외 나머지 등수로 낙인찍는 것이 교육적인 작업이라고 설명할 방법이 없다. 일차적으로는 교육이라는 이름으로 학교에 의해 낙인찍히고, 이차적으로는 사회에 의해 구제불능의 인간으로 버림받는 과정, 그리고 그런 삶이 학생들 각자의 자아실현을 위한 교육적 과정이라고 주장하는 것이 더 이상은 불가능하다. 학교는 지금과 같은 교육구조와 지금과 같은 선발과정, 지금과 같은 입시체제 아래에서는 그 어떤 학생들에게도 구제불능이다. 지금의 학교는 학생들을 감시하고 제재하며 감독하는 원형감옥(panopticon)이며 전체기관(total institution)일 뿐이다. 푸코(Foucault)의 말대로라면, 학교는 육체적으로나 정신적으로 온전한 학생들을 모아놓고 매일같이 꼴찌와 문제아를 만들어내고 있는 것이다.

둘째로, 학교가 모든 이를 위한 교육기관으로서 역부족인 이유는 학교의 교육과정 자체가 신경증 환자 생성과정과 다름없기 때문이다. 특히 입시훈련체제와 선발제도 속에서 학교가 학생들에게 매일같이 제공해주는 것은 모든 학생들의 정신건강을 고사시키기 충분한 실패와 성공 사이에 끼여 있게 만드는 진퇴양난의 더블 바인딩(double binding), 즉, 이중구속의 학습 분위기다. 이런 식으로 학교는 모든 이들을 하나의 틀 속에서 학생 스스로 자신의 정신 에너지를 소비하도록 만들어 가는 신경증 환자 양산과정을 실행하고 있다. 지금의 학교교육은 한 명의 승자와 나머지 패자라는 이분법적 구조를 고착화 시켜나가고 있다. 이때 한 명의 승자 또한 순간의 승리자였을 뿐이고, 그 순간을 지속해서 유지하기 위해 계속해서 투쟁하고 소진해야 하는 존재인 것이다.

셋째로, 지금의 학교교육은 학생들의 인생을 걸고 내기를 하고 있는 지도 모른다. 이런 내기로 인해, 교실에서 학생들 사이에 인간적인 관계가 끊어지고, 교실붕괴가 나타나고, 아이들에게 신경증세가 나타나기 시작한다. 대통령도, 교육감도, 학교장도, 교사도, 학교도, 학부모도, 학생들도 모두 그들에게 공부를 더 열심히 하라고 하고 있지만, 학교교육과정에서 발생하고 있는 것은 제 아무리 열심히 해도 소용이 없다는 메시지들뿐이다. 학교와 교사는 학생들에게 내 말대로 열심히 하면 우리가 너희의 자아실현을 보장해 줄 것이라고 설득하면서도, 다른 한편으로는 너희들은 우리의 뜻대로 따라오지 못할 것이고, 그런다고 해도 꼴찌는 면하기 어렵다고 설명하는 식의 진퇴양난 더블 바인딩의 메시지를 끊임없이 전달하고 있다. 교사가 전달하는 이런 모순의 메시지가 하나로 뭉쳐진 학교교육과정이 그 어떤 학생들에게는 더 빨리 수용되기도 하지만, 모든 학생들이 학교교육과정 속에서 더블 바인딩의 신경증 생성 메시지를 매일같이 접하면서 그들의 정신건강을 해치고 있다는 것은 숨기기 어려운 하나의 사실이다.

5. 미래 학교교육의 비전과 방향

미래의 학교교육은 다음의 세 가지 비전을 가지고 진행할 필요가 있다. 첫째, 창의력과 도전정신이 충만한 학교교육이어야 한다. 창의력은 기존의 사고를 벗어나는 생각의 틀이다. 남들과 다르게 생각하는 창의력은 지속적인 연습과 도전정신과 연결된다. '세상을 바꿀 수 있다고 생각할 만큼 미친 사람들이 결국 세상을 바꾸는 사람들이다'라는 애플 광고처럼, 창의적이고 도전적인 존재들은 다르게 생각하는(think different) 존재들이다. 미래의 학교교육은 다르게 생각하는 인재들을 양성하는데 매진해야 할 것이다. 기존의 정해진 정답을 암기하고 남들보다 빠르게 찾아내기를 요구하기보다는 서로 다른 해답을 놓고 함께 토론하면서 새로운 해답을 만들어 낼 수 있는 교육문화를 추구해야 할 것이다.

둘째, 다양성과 다름의 문화가 존중되는 학교교육이어야 한다. 나와 다른 것이 틀린 것이 아니라 서로 다르기에 아름답다는 사실을 미래의 학교교육에서 보여주어야 할 것이다. 이를 위해서는 지금의 다문화(多文化, multi-culture)에 대한 정의와 이해부터 다시 시작할 필요가 있다. 어쩌면 다문화라는 용어의 활용 양태를 변화시키는 캠페인이 필요할 수도 있다. 지금의 편협한 시각으로는 다름이 아름다운 시대를 맞이하기에 한계가 있다. 오히려 전 국민이 다문화교육의 대상이며 동시에 주체가 되어야 할는지 모른다. 미래의 학교교육은 다양성과 다름의 문화에 대한 인식의 폭부터 다시 정립하는 작업부터 선행하는 것이 올바른 순서라고 할 수 있다.

셋째, 소통과 상생이 확대되는 학교교육이어야 한다. 이제 나홀로 독존(獨存)하는 시대는 지났다. 주변과 함께 더불어 나누며 공존(共存)하는 삶이 건전한 삶이며, 이는 미래의 학교교육에서부터 온전히 자리매김할 필요가 있다. 코로나 팬데믹을 경험하면서 정보기술의 발달이 인간에게 자유시간과 여가를 부여하는 만큼 주변과의 직접적인 만남이나 소통에는 제약을 가하는 것이 사실이다. SNS 등 다양한 온라인 공간의 확대가 오프라인 공간의 축소로 이어지는 것이 바람직하다고 볼 수는 없다. 인간(人間) 자체가 기본적으로 '사람(人)과 사람 사이(間)'의 관계를 드러내는 존재이기에 도구적 수단으로서의 온라인 공간이 면대면의 오프라인 공간을 월권하지 않는 범위 내에서 정보기술의 확장과 활용이 이루어질 필요가 있다. 이는 온라인이냐 오프라인이냐 하는 소통의 방법 측면뿐만 아니라 소통과 상생의 주체 측면에서도 의식의 개혁을 요구한다. 역지사지(易地思之)의 마음으로 입장 바꿔 생각해보는 연습이 미래의 학교교육에서는 절실히 필요로 한다. 이를 위해 미래의 학교교육은 온라인과 오프라인을 융합하는 블렌디드(blended) 방법을 고려해 볼 수 있을 것이다.

이러한 비전에 맞추어 미래의 학교교육은 다음의 세 가지 방향으로 추진될 필요가 있다. 먼저는, 열린교육의 방향이다. 이미 교육의 많은 부분이 열려 있음에도 불구하고 미래의 학교교육은 열린교육을 지향해야 할 것이다. 이는 시간의 열림, 공간의 열림, 방법의 열림뿐만 아니라 대상의 열림, 주체의 열림, 내용의 열림, 정신의 열림 등 교육과 관련한 모든 영역을 개방을 요구하는 것이다. 미래의 학교교육은 열린교육을 통해서 학습자들의 도전정신을 배양하고 그들에게 내재된 창조적 잠재력을 드러낼 수 있도록 조력하는 과정이다.

그 다음으로는, 대안교육의 방향이다. 대안(alternative)이란 원래 새롭다(new)는 뜻을 지니고 있다. 대안교육은 기존 교육과는 다른 새로움을 향해 진일보하는 과정이다. 대안교육은 기존 교육의 낙오자들이 모여서 만들어진 것이 아니라, 기존 교육과 다른 새롭고 다양한 교육을 소망하는 선구자들이 모여서 이룩해 나가는 과정이다. 그런 의미에서, 대안은 항상 대안적이어야 한다. 미래의 학교교육은 새로움을 추구하는 대안적 성격을 충실히 드러낼 수 있어야 한다. 미래의 학교교육은 다양한 서로 다름이 대안으로 부각되어 아름다운 화음을 이루는 오케스트라를 구성하는 화합의 장이다.

마지막으로는, 배움의 평생교육을 지향하는 것이다. 인간에게 배움이 중요한 이유는 이를 바탕으로 인간 주체와 주변 세계에 대해 사유할 수 있기 때문이다. 인간과 세계에 대한 사유의 핵심은 주어진 질문에 대해 정답(定答)을 받아들이는 것이 아니라, 자기 스스로 질문하고 그 해답(解答)을 찾아가는 과정 자체에 있다. 자기와 세계에 대한 본질적 질문을 던지는 배움, 그 질문의 해답을 각자 더불어(和而不同) 찾아나가는 과정에서 서로 소통하고 상생하는 배움 정신의 회복이야말로 미래의 학교교육이 풀어나가야 할 실타래라 할 수 있다.

6. 나가며

미래는 배움의 시대다. 미래는 열린 시대다. 미래는 다름이 아름다운 다양성의 시대다. 이미 시작된 미래의 학교교육은 정해진 기본적인 틀 위에 서로 다른 것을 시도하고 도전하고 그러한 시행착오(trial and error) 속에서 배우는, 성공이 아닌 실패에서 배울 수 있는 용기가 필요하다. 성공에 대한 강박에서 벗어나, 오히려 실패를 존중하고 기꺼이 받아들이면서 그 속에서 다음 기회를 기대하는 통찰이 요구된다.

이를 위해서는 개인적인 의식혁명이 필수적이지만, 이와 동시에 사회적인 분위기와 경제적인 고용구조의 변화 또한 동반되어야 한다. 이러한 작업은 행정적, 정책적 틀을 새롭게 구상하는 노력에서부터 시작할 필요가 있다. 미래의 학교교육은 패자부활전이 존재하는 대안 사회, 일방향적인 진로과정이 아니라 이중, 삼중, 다중의 진로변화가 가능한 열린 사회, 언제 어디서나 각자가 필요로 하는 그 무엇이든지 배울 수 있는 배움의 평생학습 사회를 살아나갈 수 있는 핵심인재를 육성하는 사명을 띠고 있음을 명심해야 할 것이다.36)

4장 배움 방법론

Ⅰ. 生의 痂 배움론
Ⅱ. 여가 배움론
Ⅲ. 걷기 배움론

Ⅰ. 生의 痂 배움론

1. 들어가며: 배움은 언제나 진행형

배움은 언제나 진행형이다. 배움을 다 이루었다고 마침표를 찍는 그 순간 다시금 새롭게 시작해야 하는 운명과도 같은 것이다. 거대한 바위덩이를 짊어지고 산 위로 올라섰다가 다시 굴러 떨어진 바위덩이를 짊어지고 올라가야 하는 시지포스의 운명처럼, 인간은 배움으로부터 자유롭지 못한 존재다. 그렇기에 역설적으로 인간은 가능성을 지닌 존재다. 이는 모든 인간이 배움의 본성을 타고났기에 그렇다.

인간이 다른 동물들에 비해 우월하다고 판단되는 부분이 배움력이다. 모든 인간은 정도의 차이는 있지만 누구나 기본적으로는 배움의 능력을 타고났다. 이런 배움의 인간을 통칭해서 호모 에루디티오(Homo Eruditio)라고 한다. 나는 누구이고 무엇을 배우는가에 대해 계속해서 질문하고 반추하고 깨달아가는 존재가 바로 배움의 동물로서의 인간이다.

2. 삶의 상체기와 딱지때기

아인슈타인이 나침반을 처음 보았을 때 어느 쪽으로 돌려도 항상 북쪽을 가리키는 바늘의 모습을 보고 사물의 이면에는 반드시 깊숙이 감춰진 무언가가 있다는 통찰을 얻었다고 한다. <生의 痂: 배

움>이라는 책은 배움(erudition)이라는 화두를 가지고 몸서리 처지도록 진중하게 사고하고 고뇌한 경험의 결정체다. <生의 痂: 배움>은 간학문을 넘어 다학문적이고 복학문적이다. 인간학, 철학, 문학, 역사학, 종교학, 심리학, 사회학, 경영학, 생물학, 화학, 물리학, 뇌과학 등 인문학과 사회과학, 자연과학, 공학에 이르기까지 학문의 범위를 넘나드는 엇지르기의 본보기다. 인간 존재에 대한 호기심과 인간 본성에 관한 치열한 고민에서 나온 결과물이라 할 수 있다.

<生의 痂: 배움>의 저자는 태어나는 것 자체가 하나의 상처라고 이야기한다. 삶의 탄생이 기쁨이고 즐거움이지만 그와 동시에 첫 번째 상처라는 것이다. 애초에 태어나지 않았으면 삶도 없었을 것을 태어났기에 삶이 시작되었고 그것이 상처로 남는다. 태어남(生)과 동시에 언젠가 맞이할 죽음(死)을 준비해야 하는 인간의 실존적 한계가 바로 상처이고, 이런 상처들이 하나둘씩 아물면서 딱지가 앉고 그 딱지가 떨어지면서 무엇인가를 깨달아 갈 때 각자(各自)의 배움이 드러난다.

배움이 무엇인지 명확히 정의 내리지는 못할지라도 인간은 각자 자신의 삶을 위해 무엇인가를 배운다. 하루하루 무엇인가를 접하고 익히고 만들고 밝혀내는 일을 멈추지 않는다. 그렇게 살아가고 알아간다. 그것이 삶이고 그것이 앎이다. 그래서 사람은 삶과 앎의 두 축 사이에서 각자의 삶살이를 지속한다. 그렇게 배워간다. 어제 덜 배운 것을 오늘 더 배우고, 어제 잘못 배운 것을 오늘 잘 배우고, 어제 다 배우지 못한 것을 오늘 다시 배우고, 그렇게 하루하루 배워나간다.

3. 채움과 비움과 쉼

　배움은 채움과 비움이라는 이중구조의 새끼줄이 아니라 거기에 하나가 덧붙여져 삼중구조의 단단한 동아줄을 이룬다. 그 하나가 바로 쉼이다. 말하자면, 배움은 정보 축적을 위한 학습, 삶의 자세를 가다듬는 공부, 삶의 흐름을 고르는 여가가 얽히고설켜서 하나의 직조를 이루는 과정이다. 이때 쉼은 호흡이고 숨고르기고 숨쉬기다. 모든 인간은 각자 개인차는 있지만 기본적으로 숨을 쉰다. 호흡이 멈추는 순간 삶의 저편으로 옮아가게 된다. 배움은 이런 숨쉬기가 연속하는 과정이다. 천천히 쉴지 가쁘게 쉴지는 각자가 선택할 일이지만 중요한 것은 숨을 쉬고 있다는 사실이며 숨쉬기의 선택권은 절대적으로 각자에게 있다는 점이다.

　인간의 각자성은 하루하루 접하는 일상에서 뭔가 새로운 의미(meaning)를 만들거나 그 속에서 쓰임새(significance)를 찾아내는 선택의 준거가 된다. 삶은 의사결정의 연속체다. 무엇을 먹을까 무엇을 입을까 어디로 갈까 등등 매순간 선택을 필요로 하고, 이때의 선택 기준은 대안 가운데 각자에게 더 의미 있고 의의 높은 것을 고르는 것이다. 이런 의미 만들기와 의의 찾기는 스스로의 삶을 탄탄하게 다지는 배움의 작업이다.

　의미 있는 삶은 각자 스스로 찾고 다지는 동시에, '혼자만 잘 살믄 무슨 재민겨'하면서 서로 소통하는 일이 필요하다. 이때의 소통은 일반적인 언어교통(言語交通)을 넘어선다. 서로 통한다고 하면서 상대에게 집중하지 않고 배려하지 않는 언어교통은 소통이 아니다. 진정한 소통은 의식소통(意識疏通)이다. 서로의 눈짓 손짓 몸짓만으로도 알 수 있어서 말이 필요 없는 수준이 의식소통이다. 의식의 소통은 좋은 친구들과의 동행(同行)을 기억(remember)하게 한다. 말하자면, 반복해서(re-) 좋은 벗(member)들과 만났다가 헤어지고 다시 만나는 과정이 의식소통이다. '언제까지나, 영원히'로 서로에게 부담 주기보다는 '지금 여기서, 내일 다시'를 기약하는 것이 더 행복한 동행인 것이다.

<生의 痂: 배움>의 저자는 '카미노(camino)'를 실천에 옮겼다. 한여름 스페인 산티아고의 1천km 순례의 길을 걸으면서 스스로 삶의 상체기 속에서 딱지를 때내는 깨달음의 과정을 몸소 실천한 것이다. 그 과정이 채움과 비움과 쉼의 연속이고, 새로운 의미를 만들고 삶에 쓰임새를 찾는 배움의 행함이며, 각자의 배움력을 더불어 소통하는 개조의 삶이었으리라 사료된다. 결국, 배움은 단순한 정보의 소유만도 아니고, 마음으로만 하는 결심(決心)도 아니고, 몸과 마음을 다해 접하고 익히고 만들고 나누는 행함의 결단(決斷)이다. 이런 배움은 어느 한 순간의 일회적 이벤트로 마무리될 성질의 것이 아니다. 숨이 멈추는 그 순간까지 계속해서 추구해 나갈 운명과도 같은 것이다.

4. 나가며: 교육에서 배움으로(From Education to Erudition)

삶은 몸, 즉 몸과 마음을 다해서 앎을 지속하는 행함의 개조(reformatting) 과정이다. 채움과 비움, 쉼의 반복 속에서 각자로서의 자신을 반추하고 어제와 다른 오늘, 오늘보다 나은 내일을 기대하며 살아가는 것이 배움의 삶살이다. 이런 배움은 경쟁보다는 배려가 앞선다. 경쟁이 있다면 이는 다른 이들보다 앞서야 한다는 강박이 아니라 오직 자기 자신과의 치열한 견주기가 있을 뿐이다.

이런 의미에서 배움은 지금까지의 교육을 넘어선다. 지금껏 교육학은 교수-학습을 중핵으로 여겨왔고, 그 속에서 학습은 교수의 결과물로 치부되어 '가르치면 배운다는 식'으로 기계적이고 도구적으로 인식되었다. 이런 경쟁 중심 교육문제의 해결방안을 기존의 교육학 내부에서 찾기에는 한계가 있다. 보다 본원적인 관점에서 교육과 인간과 삶과 앎을 바라볼 수 있는 패러다임이 필요한 때다. 이는 기존에 없던 새로운 무엇인가를 발명해내는 과업이 아니라, 일상에서 감춰져있던 근본을 다시금 발견하고 발굴해내는 과정인 것이다.

<生의 痂: 배움>의 저자는 이 책을 '자기조직화'로 마무리하고 있다. 결국은 각자의 배움력으로 귀결하는가 싶은 아쉬움이 남기도 하지만, 광범위한 학문적 호기심에 비추어 다음 차기 작품을 기대하게 되는 것은 결코 미증유의 착각은 아닐성싶다. 배움은 늘상 암벽으로 우리 앞에 놓여있다. 그 암벽을 넘어설 때 새로운 길을 열 수 있다. 거의 1천여 쪽에 달하는 방대한 저술이라는 암벽을 넘어서 어떤 또 다른 길을 제시할지 지식의 편력이 궁금해진다. 오늘 다시금 배움과 삶과 앎에 대한 나침반을 하나 발견한 기분이다.[37]

II. 여가 배움론

1. 들어가며

지금은 평생 배움 시대다. 배움은 개인과 공동체의 삶의 질을 향상시키기 위한 평생교육의 기본 원리이다. 평생교육은 개인적으로는 평생에 걸쳐 자신의 삶의 질을 높임으로써 자아실현을 돕고, 사회적으로는 구성원들이 가능성 있는 공동체를 만들어 가는데 도움이 되도록 도와주는 과정이다. 그래서 평생교육은 개인적으로나 사회적으로나 자기개조적인 배움을 촉진하는 총체적인 활동인 동시에, 배움의 생태계를 보호하는 배움의 운동이다. 이러한 평생교육은 초·중·고·대학교 등 정규학교교육기관의 활동이나 형식·비형식 기구의 교육활동들 중에서 그 어느 한가지의 특정한 교육활동을 지칭하는 것이 아니다. 평생교육은 모든 인간의 배움과 공동체의 지속적 발전가능성을 하나로 묶어주는 키워드인 것이다.

개인과 공동체의 배움으로서의 평생교육을 확장하기 위해 세계 각 국은 그동안 여러 가지 전략들을 활용해 왔다. 즉, 그 언제든지, 그 어디서든지, 그 누구든지, 그 무엇이든지, 그 어떻게든지 장소와 시간과 조건을 초월해서 모든 이들의 배움을 넓히기 위해 나름대로 자국의 사회적, 문화적 조건에 적합한 평생교육의 틀을 갖추어 왔다. 그럼에도 불구하고, 평생교육의 당위성에 대한 큰 틀이나 밑그림은 평생교육 이론 수립의 두 주체인 UNESCO와 OECD의 그것에 의존해왔던 것이 현실이다. 이런 평생교육전략의 확장과 실천은

UNESCO와 OECD라는 두 국제기구가 제공하는 평생교육의 이론적 틀에서 크게 벗어나지 못했었고, 덕분에 평생교육은 선택이 아니라 필수가 되었다.

평생교육이 하나의 필수요소가 되는 데는 UNESCO와 OECD의 역할이 컸다. UNESCO는 모든 이를 위한 교육을 주장하면서, 개인의 자아실현을 평생교육의 기본으로 삼고 이를 위해 기존 교육제도의 통합과 지역사회의 학습도시로의 전환을 실천하였다. 이에 비해, OECD는 개인의 발달과 사회적 결속, 그리고 경제적 성장을 위한 학습지역 형성을 주장하면서, 인적 자본과 사회적 자본의 중요성 강화와 전생애에 걸친 직업능력의 개발을 강조하고 있다.

우리의 평생교육 역시 평생교육의 양대 산맥인 UNESCO의 학습사회론의 이상향과 OECD의 교육시장에 대한 학습경제론의 접근법을 활용해온 것이 사실이다. 초기의 문맹퇴치 노력을 평생교육의 기본으로 보는 가하면, 국가인적자원개발과 같이 직업능력개발을 평생교육정책의 핵심으로 파악하기도 한다. UNESCO의 전인적 학습능력개발전략이나 OECD의 직업능력개발전략 가운데 어느 하나만을 우리 평생교육의 지향점으로 받아들이는 것은 바람직하지 않다. 다시 말해서, 평생교육이 나아갈 방향은 이들 두 기구가 주창하는 전인적 학습능력개발과 경제적 직업능력개발의 전략을 넘어서는 그 무엇이어야 한다. 그들이 미처 추진하지 못하고 간과한 우리 나름대로의 전략이 필요한 것이다. 그 대안 가운데 하나가 '여가능력개발'이다.

평생에 걸친 여가능력개발의 필요는 주5일제와 유연근무, 재택근무 등의 확산과 이로 인한 여가시간의 증대, N잡러의 등장과 직무공유(job sharing)와 비정규직 근로자 및 파트타이머의 증가 등 사회적, 경제적 환경의 변화, 그리고 각 개인들의 자아실현에 대한 높은 동기와 의지에 따라 급증하고 있다. 특히 코로나 팬데믹을 경험하면서 온라인 자율근무의 체험을 통한 여가 시간의 확보가 MZ세대 등에게는 하나의 의사결정 기준이 되기도 하였다. 이러한 평생여가 사회로의 진전은 더 이상 시간적 소비가 아니라 교육적 생산의 기회이다. 즉, 여가가 개인의 자아실현, 자기능력의 발휘, 잠재력 개발뿐만 아니라 새로운 공동체 형성을 위한 평생교육의 기본토대가 되고 있는 것이다.

2. 우리나라 평생교육의 한계

우리나라 성인들의 학습능력은 교육선진국과 비교할 수 없을 정도로 빈약하다. OECD 선진국들의 평생학습참여율에 비하면 항상 그 평균에도 미치지 못하는 실정이다. 25세부터 29세 연령층의 중등교육 이수 비율이 OECD 국가 중 최고 수준인 것에 비해, 35세 이상의 성인들 중 계속교육기관의 평생교육 프로그램에 참여하는 비율은 형편 없는 수준이다. 결국, 우리나라 성인들은 학교교육으로 대표되는 제도권 교육과정을 마친 뒤에 이어지는 평생교육 측면의 계속교육과 재교육을 받지 않고 있음을 드러내는 것이다.

그렇다고, 정부가 평생교육 진흥과 평생학습사회 실현을 위해 무방비 상태에 있는 것은 결코 아니다. 우리나라는 헌법에서 '평생교육의 진흥을 표방'하는 몇 안되는 국가이며, 모든 국민들의 생애 단계에 맞춰 능력 개발을 촉진하기 위한 다양한 프로그램 개발과 평생학습진흥을 위한 재원 확보, 이를 뒷받침할 수 있는 제도적 장치 마련을 위해 노력하고 있다. 특히, 매 5년 주기로 발표하는 평생교육진흥기본계획은 평생교육법에 의해 교육부가 수립하는 국가 수준의 평생교육 정책 및 사업계획이다. 2023년부터 2027년까지는 제5차 평생교육진흥기본계획에 따라 평생교육 진흥방안이 추진될 예정이다.

이러한 정부의 노력에도 불구하고, 우리나라의 평생교육은 아직도 그 중심을 잡지 못한 채 주변부를 맴돌고 있는 실정이다. 이는 무엇보다도 첫째로, 평생교육의 철학적 측면에서, 아직까지 평생교육을 보시(普施)의 차원으로 인식하고 있기 때문이다. 즉, 학교교육의 궤도에서 잠시 벗어나 있거나 일탈했던 사람들을 도와주는 선행사업의 한가지로 평생교육을 바라보고 있기 때문이다. 또한, 평생교육의 주체에 대한 인식에서도, 배움의 주체인 학습인간, 즉 호모 에루디티오를 피상적이고 이상적 존재로 생각할 뿐, 그 본질에 대한 깊이 있는 분석과 인식을 하지 못하고 있다.

두 번째 이유는, 평생교육의 행정적 측면에서, 평생교육이 일제시대 우리 민족을 억압했던 일제의 사회교육, 즉, 샤카이교이쿠의 영향에서 벗어나지 못하고 있기 때문이다.[38] 말하자면, 평생교육이 교육기회를 상실한 사람들의 학력 인정을 위한 단순 보상기제가 아님에도 불구하고, 이들을 위한 행정적 차원의 선심공세로 활용되고 있는 것이다.

세 번째 이유는, 평생교육의 법적인 측면에서, 평생교육이 그 본래의 자리매김을 못하고 있기 때문이다. 이는 사회교육법에서 명칭만 바꾼 평생교육법에서 드러난다. 사회교육법의 문제점은 사회교육법 자체의 위계적 모순과 기타 사회교육 관련 법규들을 모두 포괄하거나 연계하지 못했다는 점이다. 이런 사회교육법의 문제점을 극복한다는 의미에서 1999년 8월 평생교육법이 제정 공포됨으로써 교육기본법 아래 학교교육과 학교 외 교육을 포괄하는 평생학습의 법체계를 갖추게 되었다. 그러나 이 체계 또한 평생교육법이 여전히 기존의 사회교육법의 연장선에 위치하며 우리나라 교육 전반을 포괄하는 '교육 모법'으로서의 기능을 하지 못한다는 문제점을 가지고 있다.

결국, 이런 문제들을 안고 있는 상태에서 실행되는 평생교육 정책과 제도와 전략들은 언제 터질지 모르는 시한폭탄과도 같다. 눈에 보이는 상처만을 치료하고 그 내면에 쌓여있는 근본적인 병원균 자체를 제거하지 못하는 대증적 요법에 불과할 뿐이다.

3. 평생교육의 두 가지 흐름

1) UNESCO의 이상주의적 학습도시 구축전략

평생교육이라는 용어가 전 세계적으로 보편화되고 국가교육정책의 기조로 활용되는 데에는 UNESCO의 역할이 컸다. UNESCO는 1960년대 말, 교육은 일정 시점에서 끝나는 것이 아니라 평생을 통해 이루어져야 한다는 요람에서 무덤까지 평생에 걸친 교육을 내세우면서 모든 이를 위한 교육(Education for All)이라는 평생교육의 이념을 창안하였다.

UNESCO가 제시한 평생교육의 이념과 개념화의 특성은 여러 가지 모습으로 나타나기 시작했다. UNESCO는 첫째로, 기초교육에서 계속교육으로의 확장을 강조했다. 평생교육은 초기 기초교육이라는 횡적 기회의 확대에서 출발하여 종적으로 중등교육, 고등교육에 이어 비형식적 계속교육으로의 교육기회 확장의 형태로 이어져야 한다는 것이다. 둘째로, UNESCO가 의미하는 평생교육은 교육자 공급 중심에서 학습자 선택 중심으로의 확장이었다. 평생교육의 흐름은 그 내용과 주도권을 교육 공급자의 입장으로부터 학습 수요자의 입장으로 전환하자는 것이다. 이런 전환은 초기 교육권에 대한 강조를 벗어나 학습권에 대한 선언으로 바꾼 것으로부터 시작된다. 셋째로, UNESCO의 평생교육은 형식교육에서 무형식교육과 비형식교육으로의 확장을 의미했다. 기존의 학교라는 형식적 교육기제를 통해 실시되던 교수-학습과정을 무형식이라는 맥락의 교수-학습으로 전환해야 한다는 것이었다. UNESCO는 이런 교육활동들을 '존재를 위한 학습'의 기본 토대로 파악하고, 평생교육의 가능성을 여기서부터 찾고자 노력했다.

Lengrand은 이러한 UNESCO의 평생교육 이념 형성에 공헌하였다. 그는 평생교육을 연령과 교육기관의 통합, 교양교육과 전문교육의 통합, 종적인 개인 수준의 교육과 횡적인 사회 전체의 교육의 통합으로 보았다. 동시에 평생교육을 기존의 교육체제를 새로운 시각으로 재편성할 수 있는 하나의 개념으로 보았다. 평생교육을 기존의 교육체제와는 달리, 계속성과 항구성, 연계성, 전생애성, 자발성, 전체적 인간발달 도모, 모든 이를 위한 교육권의 보장 등의 차원에서 패러다임을 달리하는 새로운 교육이념으로 정리하려고 했었다.

UNESCO Institution for Education의 지원을 받은 Dave는 평생교육의 근간을 삶살이, 전생애성, 교육 간의 상관성에서 찾았다. 이런 상관성 속에서 평생교육의 수직적 연계와 수평적 통합, 그리고 학습자들간의 상호작용, 융통성과 다양성, 민주성 등을 평생교육의 발전과제로 삼았다.

기본적으로, UNESCO는 평생학습능력의 증진은 개인의 자아실현에서 나타나고 있음을 주장하고 있다. 즉, 개인의 평생학습능력을 개발하기 위해서는 기존 교육제도의 통합이 필수적이며, 동시에 모든 이를 위한 교육은 기존의 지역사회를 이상적인 학습공동체로 가꾸어 감으로써 가능하다는 논리를 담고 있다. 그런 노력으로 인해 선진국들은 학습마을가꾸기를 평생교육의 지향점으로 선정하고, 이상적인 학습공동체형성에 힘쓰고 있다.

2) OECD의 경제주의적 학습지역 구축전략

OECD 역시 평생교육의 중요성을 강조하였다. 평생교육에 대한 OECD의 관심은 1990년대 중반부터 본격화되기 시작했다. 초기 순환교육(recurrent education)을 강조하던 OECD는 평생학습이 모든 사람들에게 필수적이라고 간주하기 시작했고, 이는 지식정보화산업이 새롭게 고부가가치를 생산해낸다는 인식과 그 때를 같이하고 있다. 결국, OECD는 모든 사회구성원이 평생학습에 접근할 수 있어야 한다는 주장 아래 1996년 모든 이를 위한 평생학습(Lifelong Learning for All)을 선언했다.

OECD가 주창한 모든 이를 위한 평생학습은 개인의 발달, 사회적 결속, 경제 성장을 목적으로 하고 있다. 이를 성취하기 위해서는 평생학습의 기초강화, 학습과 일간의 유기적인 연계 증진, 평생학습과 관련한 모든 파트너의 책임과 역할 제고, 평생학습에 대한 투자 증대, 교육훈련을 제공하는 사람들에 대한 인센티브 제공 등이 전략적으로 강조되었다. 이러한 맥락에서 2001년 4월 파리에서 "모든 이를 위한 능력개발에의 투자(Investing Competencies For All)"를 주제로 OECD 교육부장관 각료회담이 열렸다. 이 회의의 핵심의제는 지식사회에서 필요한 능력함양을 통해 지식사회 조성의 핵심 도구인 평생학습전략을 강조하는 것이었다. 즉, 일터와 학습 간의 경계가 희미해지고 있는 상황에서, 지속적 경제발전과 사회적 성장을 위해서는 인적 자본과 사회적 자본의 중요성이 강화되어야 한다. 또한 전생애에 걸친 직업능력개발을 통해 사회공동체의 질을 제고해야 한다. 이를 위해 학교에서 일터로의 원활한 전환을 위한 인력개발모델(School-to-Work)과 일터에서 학교로의 모델(Work-to-School), 그리고 일터에서 일터로의 자체적 모델(Work-to-Work)을 하나로 연계하는 평생학습 전략모델을 제시하였다.

이렇듯 OECD의 평생학습전략은 평생학습을 통해 개인과 국가 모두가 동시에 이득을 얻는데 초점을 두고 있다. 개인은 평생학습을 통해 삶의 질을 높이고 일자리를 구하는데 도움을 얻을 수 있으며, 국가는 평생학습을 통해 경제성장과 사회응집력을 향상시키는 공동의 가치창출을 강조하고 있다.

3) UNESCO와 OECD의 평생교육전략 비교

UNESCO는 전인적 자아실현을 위해 존재를 위한 학습, 알기 위한 학습, 행하기 위한 학습, 함께 살아가기 위한 학습이라는 네 가지 기둥을 전제로 학습사회론을 주장하였다. 이에 비해, OECD는 모든 이를 위한 평생학습에의 투자증대를 기초로, 전생애에 걸친 능력개발과 일과 학습의 연계강화를 통한 학습경제론을 강조하였다. UNESCO와 OECD의 평생교육전략을 비교 정리하면 <표 1>과 같다.

<표 1> UNESCO와 OECD의 평생교육전략 비교

	UNESCO	OECD
이념적 지향점	· 주요이념: 이상주의 학습사회론, 인간중심적 평생교육론 · 핵심모토: 모든 이를 위한 교육(Education for All) · 핵심주제: 존재를 위한 학습(Learning to Be) · 주요회의: 성인교육 국제회의	· 주요이념: 경제주의 학습경제론, 전략적 인간자원개발론 · 핵심모토: 모든 이를 위한 평생학습 (Lifelong Learning for All) · 핵심주제: 순환교육(Recurrent Education) · 주요회의: OECD 교육장관회의
이론적 배경	· Coombs: 학교 밖 교육 · Illich: 학습망(learning web) · Lengrand: 새로운 평생교육 패러다임 · Parkyn: 평생교육 개념모형 · Dave: 평생교육 개념고리와 구성요소 · Faure's "Learning to Be" · Delors' "Learning: The Treasure Within"	· 인간자본론(Human Capital Theory) · 사회자본이론(Social Capital Theory)
관심 영역	1. 교육기회의 확장 : 기초교육 -> 계속교육 2. 교육내용/주도권의 확장 : 교수자 공급중심 -> 학습자 선택중심 3. 교수·학습방법의 확장 : 형식교육 -> 비형식·무형식교육	1. 평생에 걸친 직업능력개발 2. 인적 자본과 사회적 자본 개발 3. 일과 학습의 연계모델 4. 투자로서의 평생학습정책
정책 방향 & 추진 활동	1. 초기 기초교육 및 문해교육 : 문맹퇴치활동, 무상의무교육 실시 2. 직업교육으로의 확대 : 농업기술교육, 지역사회교육 : 여성교육 & 기술훈련과정 개설 3. 고등교육기관의 평생교육 기관화 : 고등교육기관 중심의 첨단기술 협력증진 : 대학간 네트워크, 자원공유, 기술 및 경험교류, 교원-학생교류 등 4. 모든 이를 위한 평생교육 : 아동·초등·청소년·성인문해교육, 직업능력 배양훈련 : 평생교육체제로의 개편 : 회원국 역량강화 프로그램 : 일반교육과 직업교육 다양화 : 고등교육기관 역할변화 프로그램	1. 교육성장정책 : 인력수급을 위한 학교교육팽창 : 교육재정 확대 및 교육투자 확보 2. 교육발전정책 : 사회변화수단 & 지역사회 서비스 제공 기관으로의 학교혁신 3. 순환교육 모형 : 평등한 기회제공/ 교육의 질 제고/ 성인계속교육 : 교육과 직업, 여가 간 이동가능 & 선택폭 확대 4. 모든 이를 위한 생애능력개발 투자확대 : 개인개발, 사회결속, 경제성장 : 평생학습 기초 강화 : 학습-일 사이의 유기적 연계 증진 : 평생학습 관련파트너의 역할 제고 : 평생학습 투자 증대 : 교육훈련제공에 대한 인센티브

<표 2>에서 볼 수 있듯이, UNESCO와 OECD는 둘 다 기본적으로 평생교육이 개인과 사회 공동체의 발전에 필수적이라는 데에는 이견이 없다. 또한 평생교육이 기존의 학교중심 교육체제로부터 벗어나야 한다는 점에도 공감하고 있으며, 이러한 교육체제의 확대를 통한 유연성 확보에도 동의하고 있다. 이런 공통점에도 불구하고, UNESCO는 개인적인 학습능력 증진을 통한 자아실현에 중점을 두고 있는 반면, OECD는 평생에 걸친 지속적 직업능력 신장을 강조하고 있음을 알 수 있다.

<표 2> UNESCO와 OECD 평생교육전략의 유사점과 차이점, 시사점

	UNESCO	OECD
유사점	1. 기본적으로 평생교육·평생학습이 개인과 사회의 성장 발전에 필수	
	2. 기존의 학교중심 교육체제로부터 벗어나야 함을 강조	
	3. 교육체제를 '종축과 횡축'으로 확대시킴으로써 경직성 타파	
차이점	· 기본모토: Education for All · "존재를 위한 학습" · 이상주의적 학습사회 건설 · 전인적 자아실현 강조	· 기본모토: Lifelong Learning for All · "순환교육: 평생직업능력개발" · 경제주의적 학습경제 구축 · 지속적 직업능력신장 강조
	· 종축: 유아-초-중-고등-성인-노인 · 횡축: 가정-학교-사회	· 종축: 학교교육-성인교육에 초점 · 횡축: 교육-일-여가 간 관계에 관심
	· 학습도시(learning city) 구축	· 학습지역(learning region) 구축
시사점	1. UNESCO와 OECD 평생교육전략의 지향점을 우리나라 평생교육 정책수립의 기초로 활용 2. '개인학습능력개발', '공동체직업능력개발', '여가문화능력개발' 등의 구체화 및 활성화 필요 3. 평생학습증진을 위한 국가적 차원의 평생교육 재정 확보 및 증진 노력 필요	

그동안 우리나라 평생교육전략은 UNESCO와 OECD의 여러 정책들이 혼합된 형태로 나타났다. UNESCO의 학습사회론의 이상향과 OECD의 교육시장에 대한 학습경제론의 접근법이 서로 공존하면서 평생학습을 위한 정책수립과 제도정비에 활용되고 있는 실정이다. 초기의 문맹퇴치 노력을 우리 평생교육의 기본으로 보는 가하면, 국가인적자원개발과 같이 직업능력개발을 평생교육정책의 핵심으로 파악하기도 한다.

결국, UNESCO의 전인적 학습능력개발을 위한 학습사회론이나 OECD의 직업능력개발을 위한 학습경제론 가운데 어느 하나만을 우리 평생교육의 지향점으로 받아들이는 것은 바람직하지 않다. 오히려 각각의 장점을 최대한 수용하면서 우리 나름대로의 평생학습공동체 형성을 위한 대안을 마련하는 것이 필요하다. 다시 말해서, 우리 평생교육이 나아가야 될 방향과 전략은 '모든 이를 위한 평생학습능력개발'과 '모든 이를 위한 평생직업능력개발', 그리고 여기에 더하여 '모든 이를 위한 평생여가문화능력개발'로 모아질 필요가 있다.

4. 나가며: 평생여가교육의 실천 가능성

세상에서 변하지 않는 것은 세상은 변한다는 사실뿐이라는 어느 로마 철학자의 말처럼, 평생교육 또한 시대의 변화에 따라 끊임없이 발전하고 변화한다. 즉, 기초적인 문해교육의 기회가 부족하거나 제한된 시대에는 UNESCO의 전인적 자아실현을 위한 존재를 위한 평생교육전략이 더 바람직할 수 있다. 반면에, 사회구성원들의 요구가 다양해지는 세계화, 지식정보화, 무한경쟁시대에는 OECD의 평생학습전략, 즉, 평생에 걸친 직업능력개발과 일과 학습과의 연계모델 등이 더 유효한 전략으로 강조될 수 있다. 이처럼 평생교육전략은 시대와 상황에 따라, 그 추구하는 지향점에 따라 다르게 적용될 수 있다.

이렇게 볼 때, 앞으로 우리가 추구해야 할 평생교육전략의 기본축을 기존의 평생학습능력개발이나 평생직업능력개발의 관점으로부터 평생여가문화능력개발의 관점으로 확대 이동할 필요가 있다. 이는 다양한 근무 형태의 확산과 이로 인한 여가시간의 증대 등 다양한 사회적, 경제적 환경의 변화와 함께, 개인 학습자들의 자아실현에 대한 높은 동기와 의지에 따라 평생여가교육의 필요가 급증하고 있기 때문이다.

평생여가사회로의 진전은 단순한 여가시간의 양적 증가로 나타나는 것이 아니다. 여가는 더 이상 시간적 소비가 아니라 교육적 생산의 기회이다. 말하자면, 여가가 개인의 자아실현, 자기능력의 발휘, 잠재력 개발뿐만 아니라 새로운 공동체 형성을 위한 평생교육의 기본토대가 되고 있는 것이다.

이런 의미에서, 앞으로는 여가를 어떻게 활용할 것인가를 아는 것만큼이나, 잘 구조화된 여가환경과 여가활동을 개발함으로써 여가를 적극적으로 향유하는 것 또한 중요한 문제로 등장할 것이다. 개인의 자율성을 중요시하는 여가활동을 위해서는 다양한 환경을 접할 수 있는 기회를 제공하는 것이 필수적이다. 동시에, 그 환경에서 문제를 발견하고 스스로 해결할 수 있도록 개인 학습자들에게 동기를 부여함으로써 자연스럽게 배움을 이끌어내는 것이 중요하다. 소극적으로 여가시간을 사용하는 가벼운 여가활용(casual leisure)과 함께, 적극적으로 진지한 여가(serious leisure)를 즐길 수 있도록

도와주는 평생여가교육이 중요하다.39)

　평생여가교육은 무엇보다도 먼저, 배움 정신의 회복으로부터 출발해야 한다. 이는 개인이 인간으로서의 배움 권리를 누릴 수 있도록 보장해주는 인식의 확산으로부터 시작할 수 있다. 즉, 모든 이를 위한 평생의 배움이 가능하기 위해서는 배움의 동물인 호모 에루디티오에 대한 강력한 신뢰가 있어야 한다. 이를 바탕으로, 배움의 인간들이 모이는 그 어디에서든 서로가 배우고 즐기며 도와주고 성장하도록 서로 배우는 법을 공유할 수 있어야 한다. 이를 위해, 평생여가교육은 적극적인 여가활동으로서의 여가교육(education as leisure)이어야 한다. 평생여가교육이 소극적인 여가선용을 위한 여가교육(education for leisure)이어서는 조만간 그 한계를 드러낼 수밖에 없다.

　그 다음으로, 평생여가교육은 우리 사회 이곳저곳을 배움 공간으로 만들어나감으로써 확산될 수 있다. 이는 지금의 학교교육의 틀을 넘고, 현재의 평생학습기관 중심의 운영조차 넘어서는, 개인의 사회적 삶살이를 관통하는 배움공동체의 구축을 필요로 한다. 배움공동체 구축은 전통적인 지역사회학교운동을 포함해서 학습도시와 학습지역 건설, 학습동아리 구축, 온라인학습공동체 실현, 마을공동체 활동 등으로 발전하고 있다. 이러한 배움공동체는 모든 사람이 스스로 삶을 꾸리고, 동시에 사회에도 생산적으로 기여할 수 있는 능력을 형성하도록 배움을 보장하는 하나의 사회학습망이라고 할 수 있다. 전통적으로 평생학습을 지원하는 필요조건으로서의 학습망을 넘어서서, 사회 구성원 누구나 사회적 그물망으로서의 학습체제에 접촉할 수 있는 충분조건으로서의 제도적 장치와 학습보장전략을 의미한다. 이런 사회학습망은 모든 이를 위한 평생학습권을 보장하기 위한 유용한 학습지원전략이다.

마지막으로, 평생여가교육은 우리의 삶살이 문화와 직결되는 배움 내용과 방법을 갖추어야 한다. 평생여가교육은 사람들이 서로 즐기는 법을 익히도록 도와주는 문화적 기제이다. 이는 삶과 여가가 구분되어 있는 것이 아니기 때문이다. 즉, 사는 것도 여가이고, 일하는 것도 여가이고, 노는 것도 여가이다. 이를 위해, 평생여가교육의 내용은 배우는 이들에게 즐거움을 줄 수 있어야 한다. 교육(education)과 오락(entertainment)이 결합한 에듀테인먼트(edutainment)는 비단 유치원이나 초등학교에서만 활용될 개념이 아니다. 모든 배움의 내용이 즐거워야 한다. 이런 에듀테인먼트를 지향하며 배움과 교양, 흥미와 재미를 모두 아우르는 것이 평생여가교육이 나아갈 방향 중의 하나일 것이다. 또한 평생여가교육의 내용은 텍스트(text)로서의 고정되고 한정된 개념을 습득하는 수준을 넘어서야 한다. 컨텍스트(context)로서의 문맥과 정황에 적합한 내용들을 융통성 있게 배워나갈 수 있도록 도와주는 내용이어야 한다.[40]

이러한 내용을 배우기 위한 평생여가교육의 방법으로는 '가볍고 빠른 속도경쟁보다는 무겁고 느리지만 여유 있게' 매순간 개인과 공동체의 삶의 깊이를 되돌아보고 성찰할 수 있도록 도와주는 방법이 바람직하다. 이는 "진리에 이르는 길이라면 그 무엇이라도 좋다(Anything goes!)"는 Feyerabend의 방법론적 자율주의에 기초할 필요가 있다. 즉, 평생여가교육에서는 삶을 통한 배움(erudition by living), 행함을 통한 배움(erudition by doing), 가르침을 통한 배움(erudition by teaching), 문제 중심의 배움(problem-based erudition), 탐구 중심의 배움(inquiry-based erudition) 뿐만 아니라, 여러 매체들, 예를 들어 연극, 멀티미디어, 게임, 영화, TV 드라마 등을 활용하여 그 언제든 그 어디서든 그 어떤 방법으로든 배움이 일어날 수 있도록 도와줄 수 있어야 한다.

여가문화능력개발을 위한 평생여가교육의 전략은 UNESCO와 OECD가 강조하지 못했던 평생교육전략이다. 기존의 개인학습능력개발전략과 직업능력개발전략을 넘어서는 평생여가교육전략은 21세기 모든 이를 위한 평생학습사회를 이끌어갈 주요한 전략목표이며, 개인과 공동체의 평생 배움을 북돋아줄 구체적인 실천방향이기도 하다.41)

Ⅲ. 걷기 배움론

1. 들어가며

모든 인간은 직립 보행하는 호모 에렉투스다. 또한 모든 인간은 배움의 본능을 타고난 호모 에루디티오다. 배움학은 모든 인간이 배움의 본능을 타고 났으며, 삶에서 배울 수 없는 것은 없음을 전제로 한다. 배움은 일상에서 각자가 의미를 찾고 생각을 하며 이를 자신의 삶에서 쓰임새 있게 실천하는 일련의 과정이다. 말하자면, 인간의 삶과 생명의 진행과정 자체가 배움의 대상이며 배움의 과정인 것이다. 그런 의미에서, 걷기는 배움의 의미를 지닌 인간 활동이라 할 수 있다. 누구나 걷기를 통해 삶 속에서 배움을 실천할 수 있다. 이제는 건강관리와 스포츠 차원의 걷기를 넘어서서 일상의 삶살이와 더불어 여가와 소양을 갖추는 배움 활동으로 도보의 의미를 논의하는 작업이 필요하다. 이는 인간 누구나가 생각하고 사고하는 호모 사피엔스(Homo Sapiens)이며 직립 보행하는 호모 에렉투스(Homo Erectus)이듯이, 모든 인간은 배움에 힘쓰는 배움 인간으로서 호모 에루디티오(Homo Eruditio)이기 때문이다.

"사람은 요람에서 무덤까지 인생길을 걸으면서 무수한 시련을 겪게 된다. 마찬가지로 도보여행의 길도 인생의 길처럼 시작부터 끝날 때까지 육체적, 심리적 갈등의 연속이라 할 수 있다. 또 길을 오래 걸으면 걸을수록 그 갈등이 더 심해진다. 그러나 굴곡진 인생길에서 갈등의 원인과 해답을 찾지 못해 끙끙대다가도 길 위에서 걷고 또 걷는 중에 해탈하듯 풀리니 어찌 또 길 위에 서지 않을 수 있겠는가. 따라서 나는 걸음으로 시작하여 걸음으로 끝나는 도보여행의 목표가 자신의 심리적 갈등을 치유하고 삶의 좌표를 찾는 것임을 지금도 믿어 의심치 않는다. 도보여행이란 길을 따라 한없이 걸으며 자아를 찾기 위해 스스로 시련에 빠져보는 고난의 여행이고, 삶의 본질에 다가서기 위해 긴 사색에 젖어보는 외로운 여행이다(박용원, 2012)."

힐링(healing)이 주목받고 있다. 웰빙(well-being)과 웰다잉(well-dying)의 자리를 힐링이 대신하고 있다. 힐링은 몸과 마음의 치유(治癒)를 뜻한다. 힐링은 복잡한 사회구조 속에서 지친 인간이 몸과 마음의 평안과 안정을 회복함을 뜻한다. 힐링이 주요한 트렌드가 되는 것은 그만큼 많은 사람들이 육체적 스트레스나 정신적 부담을 가지고 생활하고 있음을 반증하는 것이다.[42] 기대수명 연장, 저출생과 고령화, 국경 없는 경쟁과 스트레스가 넘치는 시대에 힐링에 대한 관심이 높아지는 것은 당연한 일이라 할 수 있다. 요가와 헬스, 각종 아웃도어 시장이 확대되고 있으며, 마음챙김과 템플스테이 수행, 힐링 관련 도서들이 대형서점의 베스트셀러 코너를 차지하고 있다. 이러한 힐링 트렌드의 중심에는 걷기, 즉, 도보(徒步)가 자리하고 있다.

현대 사회에서 걷기는 일상적인 이동이나 건강관리를 위한 운동으로서의 역할뿐만 아니라 삶의 어려움을 극복하고 치유하는 마음의 힐링 과정으로서의 의미를 지닌다. 걷기를 통해서 자신의 삶을 성찰하고 마음의 상처를 회복하며, 자기 정체성을 새롭게 정립하고 위축된 자존감을 회복해 나감으로써 삶살이의 변화를 추구하는 치유의 과정과 똘레랑스(tolerance)를 경험할 수 있다. 걷기를 통해 치유의 효과를 거두는 것이다. 걷기는 적은 노력으로 많은 효과를 얻을 수 있는 활동인 것이다.

걷기, 즉, 도보의 역사는 인간의 역사다. 도보는 가장 원초적이고 단순하면서도 중요한 이동 수단으로서 태초부터 인간과 공존해왔다. 인간은 걸어 다님으로써 이동을 하고 삶을 경험하며 환경과 자신과의 관계를 규정했다. 말을 탄다는 것은 도보로 이동하는 사람들 사이에서 최고의 존재가 된다는 뜻이었다. 그래서 기사들은 걷지 않고 말을 탔으며, 귀족들은 가마를 탐으로써 상대적 우월감을 드러냈다. 도보는 승마와 탈것에 밀려 뒷전이 되었다.

수레와 마차, 자동차 등 '바퀴'가 등장함에 따라 도보의 위상은 더욱 낮아졌다.[43] 그러던 도보가 근래 들어 별도의 시간을 투자해야 할 만큼 중요한 활동의 하나가 되었다. 이동의 수단에 불과하던 도보가 산책, 운동, 트레킹, 여행, 순례, 자기수행, '걷기의 미학'에[44] 이르기까지 자연과의 교감을 통한 자기성찰과 건강증진의 주요 수단으로 변모하였다.

도보에 대한 관심이 늘어나는 데는 개인들의 여가와 치유에 대한 욕구와 함께 국가와 지역사회 차원의 투자가 일익을 담당하고 있다. 외국의 경우, 도보를 통해 자연과 역사, 문화를 즐길 수 있는 다양한 도보길을 오래 전부터 갖추고 있다. 대표적으로 스페인의 산티아고 데 콤포스텔라 순례길(Camino de Santiago), 영국의 내셔널 트레일(National Trail), 프랑스의 랑도네(Randonnee), 독일의 트레일 슈발츠발트(Trail Schwarzwald), 스위스의 하이킹 트레일, 일본의 규슈올레 등이 그것이다. 이들 나라들은 정부와 NGO가 적극적으로 협력하여 길을 발굴하고 조성하는데 노력했다. 즉, 시민단체는 지역의 자원으로서 우수하고 흥미로운 길을 발굴하고, 정부는 전국 단위로 각각의 주제를 연결하고 공간을 조성하였다.

국내의 도보길 발굴 역사는 비교적 짧지만, 지역 민간단체를 중심으로 제주도와 지리산에서 시작된 도보길 조성사업은 국민적인 걷기 열풍을 일으키는 초석이 되었다. 2007년 제주올레길이 효시가 되어, 이후 지리산둘레길, 북한산둘레길, 서울성곽길, 남해바래길, 금강소나무숲길, 구불길, 갑천누리길, 여강길, 외씨버선길, 해파랑길, 북촌역사문화탐방로 등으로 확산되었다.[45]

도보가 이렇게 관심을 끄는 것은 특별한 준비 없이 남녀노소 누구나 손쉽게 시작할 수 있는 친인간적 운동이기 때문이다. 건강한 삶에 대한 욕구와 여가시간의 활용이라는 측면에서 도보는 지속적으로 확대될 전망이다. 도보의 효용성과 지역사회와 국가 차원의 노력에 따라 도보 참여 인구도 증가하고, 이와 관련한 연구도 체육학, 관광학, 보건학, 간호학, 노년학 등 다양한 관점에서 진행되고 있다. 지금까지 도보 관련 연구들은 특정 연령층의 걷기운동 효과를 검증한 결과를 보고하거나,[46] 도시걷기와 도보여행에 관한 연구,[47] 또는 도보길 조성사업 등에 관한 내용들이 주류를 이루었다. 인간이 왜 걸어야하고 그러한 도보가 삶에 있어서 어떤 의미와 쓰임새를 가질 수 있는지에 대한 고민과 사색의 결과를 이끌어내는 인문학적 배움학 연구는 상대적으로 미약한 실정이다.

배움은 일상에서 자신의 삶의 의미를 생각하고 성찰하며 이를 각자의 삶 속에서 쓰임새 있게 실천해나가는 일련의 과정이다. 그런 의미에서, 도보는 배움의 의미를 지닌 인간 활동이라고 할 수 있다. 칸트(Kant)와 루소(Rousseau) 등의 사상가들이 그랬던 것처럼 인간이라면 누구나 도보를 통해 삶 속에서 배움을 실천할 수 있다. 단순한 건강관리와 스포츠 차원의 도보를 넘어서서[48] 삶살이(life)와 여가(leisure)와 소양(literacy)을 갖추는 평생에 걸친 배움 활동으로서 도보의 의미를 논의하는 작업이 필요하다.

2. 호모 에렉투스의 도보 본능

인간은 원래 하루 종일 '걷는 동물'이었다.[49] 식량을 구하기 위해 하루 종일 사냥과 열매를 따라 돌아다녀야 했던 원시사회부터 인간은 기후 변화와 먹잇감의 이동에 따라 걷고 또 걸어야만 했다. 생존 자체를 위한 도보였다. 갓난아기가 아니고서 걷지 않는 사람은 죽음을 기다리는 사람뿐이었다. 농업혁명 이후 정착생활을 하면서도 인간은 계속해서 걸어야 했다. 농경사회의 노동력은 농작물과 자원의 확보와 물류를 위한 도보 능력의 유지 여부에 달려있었다.

그러던 도보의 가치가 산업혁명을 통해 하락하기 시작했다. 산업사회에는 더 이상 많이 걷지 않아도 일을 할 수 있고 위치를 이동할 수 있게 되었다. 노동환경과 이동수단의 변화로 인해 도보가 필요 없는 인간으로 변모하게 만들었다. 지식정보사회가 되면서 인간은 더욱더 도보를 필요로 하지 않게 되었다. 고도화된 정보통신기술의 발달과 기계문명의 발전은 서 있거나 앉아 있기만 하면 목적지에 도달할 수 있도록 점점 더 도보를 최소화 시켜주고 있는 것이다.

더 이상 걷지 않아도 되는 '도보의 최소화' 시대임에도 불구하고 사람들이 의도적으로 걸으며 도보를 실천하려는 이유는 기존 걷기의 역할을 넘어서는 그 무엇이 있기 때문이다. 말하자면, 모든 인간이 본능적으로 걷도록 되어 있기 때문이다.[50] 모든 인간은 직립 보행하는 호모 에렉투스(Homo Erectus)인 것이다. 인간은 태어나서 본능적으로 걷기 위한 단계를 지향한다. 인간의 신체발달 과정에서 궁극의 중심에는 걷기가 있다. 아기들이 기는 단계를 지나면 본능적으로 두 발로 일어서려 한다. 무언가 손에 잡히는 물건을 지지대 삼아 일어선다. 그리고는 제 발로 걷기를 시도한다. 누워있던 아기가 몸을 뒤집고 주변 사물을 잡고 일어서는 것은 도보를 통해 새로운 세계를 향해 걸어 나가려는 주체적 활동의 서막이다.

도보는 인간의 본능적 욕구다. 즉, 인간에게는 걷는다는 기본적 운동 메커니즘이 유전자 속에 이미 프로그래밍 되어 있는 것이다. 도보는 일반적으로 신체적 건강증진을 목적으로 시작된, 실천하기 쉽고 언제 어디서나 할 수 있는 효율적인 운동이었다. 이제는 운동을 목적으로 하는 걷기 이외에도 도보를 통해 마음 속 갈등을 풀고 지난 과거를 회상하면서 감정을 점검하는 심리적 정화와 회복의 의미가 있다.51) 또한, 잠시나마 바쁜 일상생활을 벗어나는 탈피(脫皮)의 기회라는 의미도 있다. 이와 더불어, 함께 걷는 이들과 평소 못했던 대화를 실천할 수 있는 기회로서 소통의 의미도 드러났다.52)

이렇듯 도보는 인간에게 있어서 가장 보편적으로 알려진 신체 활동이다. 도보는 사람들에게 그들이 사는 곳에 대한 긍정적인 생각을 갖는데 도움을 주고, 사람들에게 활력과 생기를 넣어 사교성을 높일 뿐만 아니라 가족애와 신뢰를 높이는데 중요한 역할을 한다. 도보는 걷기관광, 등산, 트레킹 등과 같은 다양한 활동으로 각각 차별화하여 진행되고 있다.53)

그리스어로 '페리파테인(peripatein)'은 산책한다는 뜻이다. 산책하면서 스승 아리스토텔레스의 가르침을 듣던 제자들을 페리파토스 철학자라고 부른다. 페리파토스 철학자들은 걸으면서 생각하고 사유했던 사람들이었다. 그래서 아리스토텔레스의 철학을 소요철학(逍遙哲學: peripatetisme)이라고 부른다. 사유하며 걷기가 아리스토텔레스와 그 제자들에게만 허용된 고유 형태는 아니었지만, 이들이 직립인간으로서 호모 에렉투스의 도보 본능을 학문과 철학으로 순화한 선구자임에는 틀림없다.

수십 수백 번 넘어지고 다시 일어서고를 반복하면서 인간은 결국 걷게 되었다. 온전히 서서 걷게 된 이후에는 인간으로서 생명(生命)을 지속하기 위해 계속해서 걷는다. 주체적 도보는 능동적 배움을 가능하게 한다. 원하는 장소로 가기 위한 단순한 이동 차원의 걷기가 각자의 삶살이뿐만 아니라 더불어 사는 세상살이를 변화해나가는 배움의 차원으로 승화하는 것이다.

3. 호모 에루디티오의 배움 본능

인간은 누구나 배움의 본능을 타고난 호모 에루디티오(Homo Eruditio)다. 인간은 누구나 배움의 씨앗을 가지고 태어나기에 배울 수밖에 없다. 생존을 위해 배우고 새롭게 삶을 개조(reformatting)하여 긍정적인 미래를 만들기 위해 평생 배운다. 평생교육의 개념이 이러하기에 평생학습사회의 화두는 배움(erudition)이다.

인간이 다른 동물들과 구별되는 요소는 새로운 것을 배울 수 있다는데 있다. 배운다는 것은 새로운 그 무엇인가를 접하고 그것을 익히고 이를 통해 새로운 그 무엇인가를 만들어내는 일련의 과정을 반복하는 의미부여, 의미생성, 의미심장한 루틴이다. 인간은 배움의 루틴을 통해서 삶의 질과 행복을 추구한다. 인간이 행복을 추구하는 것은 타고난 권리이며 본성이다. 인간은 행복의 추구를 통해 인간다움과 온전성을 드러낸다. 배움의 본성을 타고난 호모 에루디티오는 이렇듯 행복을 추구하는 존재인 것이다.

호모 에루디티오는 생물학적으로 이미 온전한 존재다. 하나의 생명체이기에 태어나는 순간부터 숨쉬며 호흡하기 위해서 온전한 존재로 태어나는 것이다. 이와 동시에, 즉 태어나는 순간부터 사회문화적인 환경과의 상호작용 속에서 결핍되어가는 불완전한 존재이기도 하다. 생명 유지를 위한 필연과 결핍 보완의 당위는 인간 스스로 생명을 다하는 순간까지 평생에 걸쳐 지속되는 루틴이다.

배움 본능의 필연성과 당위성은 호모 에루디티오에게 있어서는 동화(assimilation)와 조절(accommodation), 그리고 평형(equilibrium) 작업으로 드러난다. 말하자면, 호모 에루디티오의 배움 본능은 온전히 태어났지만 결핍되어가고 그런 부족분을 계속해서 채워나가는 윤증적인 자연스러움이다. 익숙하지 않은 그 무엇인가를 접하고 이를 스스로 익히며 새롭게 그 무엇인가를 만들어 가는 배움의 상승작용인 것이다.

온전하지만 불완전한 각자(各自)로서의 인간은 공존(共存)하는 존재이기도 하다. 사회적 동물인 인간은 그 누구라도 나 홀로 살아갈 수 없다. 함께 배우고 더불어 살기 위해 서로 배우는 공락체(共樂體)에 속하게 된다. 자아실현과 사회실현의 두 가지 특성은 상호배움과 상호성장의 필요성을 드러내는 분명한 결과이다.

인간에게 있어서 자기 이외의 타자와의 경험은 각자 자신의 삶을 밝힐 수 있는 소중한 배움 소재다. 자기 삶에서 자기를 위한 생각하기와 이를 통한 의미부여, 의미생성, 의미심장의 루틴은 호모 에루디티오가 추구하는 생활 양태의 개조(reformatting)로 나타난다. 마치 책읽기에 의미를 두면[54] 그 사람의 삶살이는 '간서치(看書痴)'의 생활을 하게 되는 것이나 마찬가지다. 그래서 배움 본능을 타고난 호모 에루디티오는 각자 더불어 의미심장한 삶살이를 위해 숨이 멈추는 그 순간까지 평생에 걸쳐 배우는 것이다.

4. 배움 인간의 관점에서 바라본 도보

각자와 공동체 모두는 끊임없이 문제에 직면한다. 맞닥뜨린 문제를 풀어 나가는 과정이 배움이고 생명(生命)의 실천이다. 각자의 삶과 공동체의 존속을 배제한 배움은 불가능하다. 배움은 인간이 타고난 본능을 각자 죽음에 이르는 순간까지 지속적으로 실현하고 공동체 차원으로 확장해 나가도록 도와주는 작업이다. 배움은 일상(life)과 여가(leisure)와 소양(literacy)의 세 가지 측면에서 새로운 평생교육 문화 창출을 위한 모든 이들의 실천 활동이다. 이런 모든 이들의 실천 활동에는 기본적으로 직립인간의 도보 본능이 자리하고 있다.

첫째, 일상(life)에서의 도보는 각자 스스로 접하고 익히고 만들기를 강조한다. 접하고 익히고 다시 만들어내기로서의 도보는 몰입(flow)과 사마디(三昧)를 중요시 한다. 자신의 삶에 푹 젖어드는 그런 삼매 경험은 몸과 마음의 융합을 통해 일상에서의 도보와 이를 통한 배움의 존재감을 북돋아 준다.

일상에서의 도보는 인간의 삶살이 그 자체다. 도보는 인간이 자신을 성찰하고 채우고 비우고 쉼으로써 각자를 개조(reformatting)하는 방법이다. 인간은 걸음으로써 자신을 성찰(reflecting)한다. 인간은 평생에 걸쳐 배움을 추구하며 주체적으로 이동하고, 이동과 도착을 반복(repeating)함으로써 자신을 개조한다. 도보는 각자의 삶과 공동체의 활동을 가능하게 하고 그 속에서 자기를 발견하는 작업이다. 일상에서의 도보는 인간의 상처를 치유하고 본성을 회복함으로써 삶살이를 보다 여유롭고 풍요롭게 하는데 기여한다. 인간은 긴 호흡으로 채움과 비움과 쉼의 과정을 필요로 한다. 도보를 통해 일상의 여백을 생각하고 스스로 반추할 수 있는 기회를 가질 수 있다.

둘째, 여가(leisure)로서의 도보는 여유로움과 재미로움을 필요로 한다. 즉, **빡빡함**보다는 여유로움을, 지겨움보다는 재미로움을 바탕으로 계속 걸음으로써 새로운 그 무엇인가를 끊임없이 접하고 익히고 만들어내는 것이다. 여가는 평생에 걸친 삶살이 속에서 접하고 익히고 만드는 배움의 과정이기 때문이다.

여가로서의 도보는 기본적으로 페다고지(pedagogy) 방법론을 거부한다. 왜냐하면 페다고지 방법론은 지식의 많고 적음이나 그 정당성만을 고집하기 때문에 자칫 여가로서의 도보를 노동이나 근로의 수준으로 전락시켜 버릴 위험이 있기 때문이다. 여가는 단순한 쉼을 의미하는 것이 아니다. 여가는 노동으로부터 벗어나 자유를 구가함으로써 창조적 발상과 '상상하며 걷기'를 가능하게 한다.[55]

여가로서의 도보는 자유로움(freedom) 자체여야 한다. 자유롭게 생각하고, 자유롭게 행동하고, 자유롭게 즐길 수 있어야 제대로 된 도보라고 할 수 있다. 이러한 자유로움에는 재미로움(fun)이 동반되어야 한다. 재미로움과 함께 감동스러움(feeling)도 뒤따라야 한다. 인간의 심금을 울리는 감동스러움과 카타르시스가 여유로움과 재미로움을 낳는다. 결국, 자유와 재미와 감동이 조화를 이루는 도보가 자신감 넘치며 깊이 있는 삶살이를 가능하도록 도와주는 배움인 것이다.

셋째, 소양(literacy)으로서의 도보는 인간의 삶의 질을 높여주는 주요한 방법이다. 기본적으로 학습자는 삶살이에 필요한 기초문자를 해독함으로써 주변 환경과 세상을 올바로 볼 수 있게 된다. 읽고 쓰고 셈할 수 있는 일차적인 문자해독 활동만으로는 배움 인간으로서의 역할을 제대로 발휘하는데 한계가 있다. 그래서 소양으로서의 도보는 문자해독을 넘어서는 비판적 사고와 자기목적적 활동을 추구한다.

　소양으로서의 도보는 비판적 사고를 통한 자기성찰에 기여한다. 걷기 위해서는 용기와 의지, 인내심이 필요하다. 계속 걸음으로써 각자의 신체가 도보에 적응하고 점점 더 강해지는 것을 보게 된다. 물론, 그 가운데서 부족하거나 보완이 필요한 사항들도 드러나게 된다. 이러한 자기반성과 자기성찰을 통해 인간이 호모 에렉투스의 도보 본능과 호모 에루디티오의 배움 본능을 가지고 있음을 확인하게 된다.

　소양으로서의 도보의 내재적 가치를 갖는다. 즉, 외재적인 보상과 관계없이, 걷는 행위 그 자체로서 헌신할만한 고유한 가치를 지니고 있음을 의미한다. 이런 맥락에서 도보는 자기목적적 활동의 한 전형이 될 수 있다. 자기목적적 활동은 누군가가 일을 할 때 그 일 자체가 좋아서, 그 일을 경험하는 것 자체가 목적이 된다면 그 일은 행하는 당사자에게 자기목적적인 일이 된다는 것을 의미한다. 자기목적성을 가진 사람은 그 일을 원하고 있다는 것 자체만으로도 이미 보상이 되었기 때문에 물질적 수혜라든가 권력이나 타자의 인정 등과 같은 별도의 보상이 필요하지 않다. 이런 사람은 보다 자율적이고 독립적이다. 외부의 보상이나 위협에 흔들리거나 농락당하지 않기 때문이다. 이는 배운 사람이 갖춰야할 기본 덕목이라고도 할 수 있다.

5. 나가며: 도보학(徒步學), 걷기의 배움학

　배움은 불확실한 미래교육의 과제이며 대안이다. 미래교육을 예견하기는 용이하지 않다. 지금과 같은 학교교육이 종말을 고할 것인지, 학교교육의 대안으로 대두되었던 평생교육이 미래교육의 중핵을 차지할지 어떨지 불명확하기만 하다. 그럼에도 불구하고, 인간의 본능을 촉발하고 확장시켜 나가는 과정이 미래교육의 핵심이 될 것임을 부인하기는 어려운 실정이다.

배움 인간의 삶을 둘러싼 모든 과정이 배움 현상이다. 그래서 직립인간의 걷기를 통한 배움학이 가능한 것이다. '걷기의 배움학'은 배우는 이 스스로 도보의 지평을 창조적으로 파괴하는 바로 그 순간 한 차원 높은 새로운 배움으로 부활할 수 있다. 즉, 걷기를 통한 배움은 이전 배움의 행태를 변화시키거나 무너트리는 창조적 파괴로부터 시작한다.

걷기의 배움학은 일상, 여가, 소양의 해체(deconstruction)를 통한 새로운 창조력을 그 생명의 씨앗으로 삼는다. 일상, 여가, 소양으로서의 도보(徒步)는 자연의 소리처럼 자유로운 것이고, 그것을 바라보는 한 순간의 여유로움이며, 그 속에서 느껴지는 재미로움이다. 그것이 배움의 시작이고 배움으로의 초대이며 배움의 실천이다.

배움을 곧바로 실천하기 위해서는 그 배움의 의미가 자신에게 쓰임새가 있어야 한다. 그리고 그 쓰임새는 각자의 구성 세계에서 새로이 적용될 수 있을 때 가능하다. 앎이 삶으로 이어지기 위해서는 깨달음과 실천이 있어야 하는데 그 깨달음은 일방적인 주입만으로는 불가능하다. 삶의 쉼표는 단지 쉬는 것이 아니라 새로운 사고의 패러다임으로 전환될 수 있을 때 의미가 있다. 단순한 쉼을 넘어서서 사유로 나아가기 위해서는, 루소(Rousseau)의 표현을 빌리면, '정신을 움직이려면 육체가 움직여야' 한다. 그래서 걷기는 각자 생각을 정리하게 해주고 새로운 '도보학(徒步學)' 패러다임이 들어갈 여백의 기틀을 마련해 준다.

도보학은 배움의 실천방법을 탐구한다. 이는 도보가 배움의 실천방법으로 유용하기 때문이다. 배움이 숨쉬기와 같이 평생 가져가야 할 본능이라면 삶의 정신적 신체적 완성을 위하여 도보가 배움의 실천방법으로 적용 가능하다. 도보를 배움에서 중시하는 채움과 비움과 쉼의 과정에 대입해보면, 채움에서는 정신적, 신체적 건강, 그리고 철학적 사유 및 길 위의 역사인식을 채울 수 있다. 비움에서는 신체 내부의 노폐물을 비울 수 있고, 마음을 내려놓음으로써 잡스런 사념(邪念)들을 비울 수 있다. 쉼의 측면에서 도보는 일이나 노동과 관계없이 시간을 내서 쉬겠다는 의지의 표현이다. 결국, 도보를 통해 채움과 비움과 쉼을 실천할 수 있다.

또한, 도보에는 마음을 다스려주는 심리적 치유효과가 있다. 도보는 이제 치유의 차원을 넘어 구도의 방법이기도 하다. 구도자들은 사막과 숲 속을 걸으며 인생의 참된 의미와 우주의 비밀을 찾아낸다. 좁은 나를 버리고 진정한 나를 찾기 위해서 그들은 길을 떠났다. 길은 내면의 소리를 경청하는 공간이고 그 내면의 소리를 듣기 위해 구도자들은 걷고 또 걷는다.

도보학은 걷기의 철학이며 걷기의 배움학이다. 철학은 마주하는 모든 것들을 '늘 달리 새롭게' 만들며 나온다는 측면에서[56] 자기실현이며 자기치유라 할 수 있다. 일상의 삶(life)과 여가(leisure) 속에서 소양(literacy)을 갖춰가는 직립인간으로서 모든 배움인간의 자기반성과 자기회복과 자기치유의 삶살이를 기대한다.[57]

Epilogue

"20세기가 전문가의 시대였다면 21세기는 통합의 시대다. 이제는 어느 것 하나만 잘하는 것으로는 살아남기 어렵다. 앞으로 지식사회를 선도해갈 인재들은 전문가들이 간과한 지식대통합을 통해 서로의 분야를 넘나드는 창조적 사고를 해야 한다."

- 이어령, <디지로그>에서

1.

삶은 선택의 연속이다. 삶은 탄생(birth)으로 시작해서 죽음(death)으로 이어지는 과정이다 그 가운데서 무수히 많은 선택(choice)을 하게 된다. 무슨 옷을 입을지, 무엇을 먹을지, 버스를 탈지 지하철을 탈지 등등 소소한 일상에서의 선택에서부터 어떤 직장에 입사원서를 낼지, 어떤 배우자를 만날지, 누구를 대통령으로 뽑을지 등등 주요 사안에 대한 선택에 이르기까지 우리네 삶은 선택을 요구한다.

삶에는 책임(charge)이 따른다. 비용(cost)도 따라온다. 새로운 무엇인가를 향해 도전(challenge)하는 용기(courage)를 발휘하고 궁극적으로는 삶의 변화(change)를 추구한다. 말하자면, 삶은 'B(birth)와 D(death) 사이의 수많은 C를 채워나가는 과정'이다. 그 속에서 기쁨과 슬픔, 즐거움과 회환 등을 맛보는 것이 인간의 삶이다. 가능하다면 기쁨과 즐거움이 넘치는 행복한 삶이기를 기대하는 것이 대부분 인간들의 소망이지만, 항상 그렇지만은 않은 것이 또한 인간의 삶이다.

2.

　선택은 하나의 낙점(落點)이다. 선택 당시 상황에서의 최선에 대한 수용, 혹은 최악에 대한 거부다. 선택 대안 사이의 간극이 크면 클수록 선택에 대한 확신은 높다. 반대로 선택 대안 사이의 차이가 작으면 작을수록 선택에 대한 확신은 줄어들고 부담은 커지게 된다. 흡사 사지선다 문항 중에서 확실한 정답을 선택했을 때와, 명확한 두 오답을 제외하고 남은 두 답안 사이에서 하나를 선택해야 하는 상황을 비교해보면 이해가 쉽다. 이때 선택한 답이 정답이었을 때와 그것이 오답이었을 때 느끼게 되는 느낌은 또 다른 차원에서의 관심꺼리다.

　시험문제 정답찾기는 인간의 삶이라는 장기간의 관점에서 보면 '어쩌면' 작은 선택에 불과할 수 있다. 하지만 하나의 시험문제의 정오차로 한 사람의 인생 방향이 바뀌는 사례가 전혀 없는 것이 아닌 현실을 보면, 크건 작건 모든 선택은 그 나름대로 각자의 인생에 의미 있는 작업이다. 그런 의미에서, 선택은 유일한 단정보다는 또 다른 대안의 여지를 남긴다. 그런 여백의 미가 삶의 선택에는 남아있다. 그것이 아련한 추억으로 살아온다.

　선택은 아쉬움을 남긴다. 선택의 아쉬움은 새로운 기회와 도전의 가능성으로 승화할 수 있다. 다만, 인생이라는 시간의 흐름에서는 되돌이표가 성립하지 않는다는 점이 또 하나의 아쉬움이다. 그래서 삶의 순간순간 최선을 다해야 하는지도 모른다. 가능한 한 아쉬움을 최소화하기 위해서라도 말이다. 그리고 그 선택에 대해 스스로 의미를 부여하고 의미를 찾고 의미를 만들어나가는 것이다. Robert Frost의 〈가지 않은 길〉에서의 한숨(sigh)처럼, 〈건축학개론〉의 첫 사랑에 대한 아련한 기억처럼, 〈기억의 습작〉을 통한 추억놀이처럼 삶은 선택에 대한 아쉬움과 여백을 남긴다.

3.

"삶은 우리가 마지막 숨을 거두는 순간까지 의미가 있다."〈의미있게 산다는 것〉에 나오는 말이다. 이루지 못한 삶에 대한 아쉬움은 또 다른 삶의 선택에 대한 가능성과 의지를 보여준다. 삶의 의미를 찾아 기나긴 배움의 여정을 걷고 있는 모든 이들의 삶살이를 통해 삶의 의미, 삶의 목적, 각자 인간 존재의 경험의 중요성에 대해 재인식할 수 있는 계기를 마련할 뿐만 아니라, '열심히 살고, 잘 살고, 서로 더불어 살자!'는 다짐을 하게 된다. 이 시점에서, 모든 이들의 존재를 위한 배움(to be), 알기 위한 배움(to know), 행하기 위한 배움(to do), 더불어 살기 위한 배움(to live together)이라는 평생학습의 기둥들에 대해서도 다시금 곱씹어 보게 된다.

4.

어느 날 지하철 탑승구 앞에서 바라본 아래의 싯구는 삶에 다가선 문제를 어떤 마음가짐으로 해결해 나갈 것인지 선택의 방향을 제시해 주고 있다. 문제 자체를 선택할 수는 없지만 그 문제를 바라보는 관점과 어떻게 할 것인지 그 해결방안은 선택할 수 있음을 깨닫게 해준다. 군종법사 법상의 〈삶의 문제〉라는 시는 이렇게 시작한다.

"내 삶에 어떤 문제가 생겨났다면
그것은 내가 삶에서 배워야 할 어떤 것이 생겨났다는 것을 의미합니다.
지금 이 순간 내게 일어나는 일이야말로
내가 지금 체험하고 깨달아야 할 바로 그것입니다.
좋든 나쁘든 내게 일어나는 모든 일들은
나를 배움으로 이끌기 위한 목적으로 나타납니다.
배움과 경험을 회피할 때 삶은 둔화되지만
적극적으로 받아들이고 배울 때 삶은 성장합니다…"

삶은 문제의 연속이다. 그 문제를 해결해 나가는 과정이 인생이다. "어떻게 해서라도 잘 되도록 하고 싶은 것이 우리 사는 인생이기에, 한숨 대신 함성으로, 걱정 대신 열정으로, 포기 대신 죽기 살기로" 살아나가는 것이다. 지금은 폐지되었지만 한때 잘 나갔던 어느 개그 프로그램에서 용감하게 외쳐대는 이들의 목소리에서 팍팍하지만 열심히 삶을 배워나가는 인간 존재들의 가능성을 보게 된다. 그 속에서 배움의 본성을 타고난 인간 호모 에루디티오(Homo Eruditio)의 존재 이유를 또 한번 실감하게 된다.

5.
끝으로, 지금 에필로그를 정리하고 있는 저자에게 있어서 이 저술은 하나의 새로운 도전이며 다짐임을 고백한다. 기나긴 배움의 여정과 루틴 속에서 일상의 배움의 의미를 궁리하는 동안 저자로서 독해와 소양(literacy)의 한계를 경험하였다. 그 가운데서 맞닥뜨린 삶의 문제를 직면하고 이를 해결하기 위한 나름대로 대안을 정리하고 의미를 부여하고자 하였다. 그럼에도 불구하고, 쫀쫀하게 짜임새 높은 명품(名品)을 완성해내기보다는 이곳저곳 성기고 비어있는 구멍 뚫린 여백 넘치는 하나의 작품(作品)을 만들어내는 것은 삶에 대한 새로운 가능성과 여백의 미(美)라는 측면으로 독자들의 너그러운 이해를 구하며 저술을 마치고자 한다.

참고문헌

가와이 마사시(2018). **미래연표: 예고된 인구 충격이 던지는 경고**(최미숙 역). 서울: 한국경제신문.
가케이 유스케(2016). **인구감소×디자인**(정태원 역). 서울: KMAC.
강상중(2009). **고민하는 힘**. 서울: 사계절.
강석남(2020). 재난의 비일상에서 새로운 일상의 재구성으로. **오늘의 교육, 57**, 80-93.
강순영(2004). 빠르게 걷기 운동 프로그램이 비만여성의 체질량 지수, 체지방율 및 기분 상태의 변화 효과. 연세대학교 대학원 석사학위논문.
강영계(2012). **죽음학 강의: 사람을 이야기하는 철학자의 세 번째 이야기**. 서울: 새문사.
강영안(2018). **일상의 철학**. (사)기독교윤리실천운동 소식지. 2018년 8월 6일자.
강정석(2007). 규칙적인 걷기 운동이 한국 노인의 신체 기능 향상에 미치는 영향. 연세대학교 대학원 석사학위논문.
강형구(2021). 장례지도사의 성찰경험을 통해 본 죽음의 평생학습적 의미 탐구. 아주대학교 대학원 박사학위논문.
계봉오(2015). 인구고령화, 사회경제적 발전, 사회불평등의 관계. **경제와 사회, 106**, 41-72.
고미숙(2018). **조선에서 백수로 살기: '청년 연암'에게 배우는 잉여 시대를 사는 법**. 서울: 프런티어.
고재학(2013). **절벽사회**. 파주: 21세기북스.
고정민(2003). 여가문화와 여가산업. **한국여가문화학회 연차학술대회 자료집**, 97-104.
교육과학기술부(2010). **자기주도 학습전형 바로알기**. 서울: 교육과학기술부.
교육부, 국가평생교육진흥원(2022). **2021 평생교육백서**. 서울: 교육부·국가평생교육진흥원.
권성희(2019). 성공하는 사람의 루틴을 따라 하기 힘든 이유. **머니투데이**. 2019년 3월 2일자.
김경재(2009). 새로운 문명의 길잡이, 함석헌의 씨알사상. **환경과 생명**, 156-169.

김경재(2009). 생명철학으로서 함석헌의 씨알사상. **기독교사상, 53**(6), 188-200.
김도현, 이재열, 김홍중, 김도년, 김대식, 강형구, 정유신, 김재인(2020). **인간을 위한 미래: 우리는 어떤 미래를 설계할 것인가**. 서울: 클라우드나인.
김산환(2009). **걷는 것이 쉬는 것이다**. 서울: 실천문학사.
김상봉(2010). 씨알철학과 세계철학. **철학, 102**, 139-162.
김성길(2004). UNESCO와 OECD의 평생교육전략 비교를 통한 우리나라 평생여가교육의 가능성. **연세교육연구, 17**(1), 55-71.
김성길(2005). 배움학에 관한 연구. 연세대학교 대학원 박사학위논문.
김성길(2009). 배움의 삶, 그 끝없는 항해에서 만난 나침반 하나: <生의 痂: 배움(한준상 지음 / 학지사 / 943쪽)> 서평. **교수신문**. 2009년 10월 26일자.
김성길(2009). **배움의 의미**. 서울: 학지사.
김성길(2009). 사교육에 잠재된 배움력 발굴. **창설(創設)과 융화(融和)를 위한 배움학의 확장(擴張)**, 95-128. 한국배움학회 2009년 가을학술대회 발표논문.
김성길(2010). **"배움의 HRD를 위한 배움 도구로서 web 2.0의 가능성"에 관한 토론원고**. 한국배움학회 봄 학술대회. 2010년 6월 5일.
김성길(2010). 배움과 삶과 상처와 치유. **의학교육논단, 12**(1), 47-48.
김성길(2010). 의학교육에서 자기주도학습원리를 통한 배움의 용기 고찰. **의학교육논단, 12**(2), 5-11.
김성길(2011). 미래 학교교육의 비전과 방향. **미래교육연구, 1**(1), 63-71.
김성길(2011). 배움학論: 씨알사상과 救濟信愛 배움. **배움학연구, 3**(3), 25-33
김성길(2011). 페스탈로치(Pestalozzi) 교육사상과 평생교육에의 함의. **Andragogy Today, 14**(1), 71-90.
김성길(2012). **"전기학습의 관점에서 바라본 '이루지 못한 삶'의 구현이 갖는 의미 탐색"에 대한 토론원고**. 한국성인교육학회 2012년 봄 학술대회. 2012년 4월 28일.
김성길(2012). 다양과 통합: 배움학적 상상력. **미래교육연구, 2**(3), 1-8.
김성길(2012). 죽음의 배움학 序說. **배움학연구, 4**(1), 1-21.
김성길(2013). 다문화 개념 재정립과 소통의 배움 원리. **Andragogy Today, 16**(1), 1-20.
김성길(2013). 사교육, 다르게 보기. **미래교육연구, 3**(1), 27-43.
김성길(2013). 열린 존재로서 청소년에 대한 인간학적 접근. **미래교육연구, 3**(2), 77-88.

김성길(2014). 도보(徒步)에 관한 배움학적 함의. **Andragogy Today,** 17(1), 1-21.

김성길(2018). 인구절벽과 고령사회 위기에서 평생배움의 미래지향적 실천. **미래교육연구,** 8(3), 45-62.

김성길(2022). 배움의 일상성 탐구: 개조의 일상, 일상의 개조. **미래교육연구,** 12(1), 27-41.

김성일(2003). 학습환경으로서의 여가와 활동중심의 여가적 교육. **한국여가문화학회 연차학술대회 자료집,** 67-76.

김소영(2010). 웹 2.0, 사회적 배움력의 기술적 확장. **배움학연구,** 2(1), 41-54.

김소영, 김기배, 임문정, 백단비(2020). **미래의 귀환: 코로나19와 4차 산업혁명 대전환**(편). 파주: 한울아카데미.

김소은, 심연숙(2011). 서울시 도보관광 활성화에 관한 연구. **관광레저연구,** 23(7), 43-60.

김시천(2006). **이기주의를 위한 변명.** 서울: 웅진지식하우스.

김열규(2001). **메멘토 모리, 죽음을 기억하라: 한국인의 죽음론.** 서울: 궁리출판.

김용, 곽덕주, 김민성, 이승은(2021). **코로나 이후의 교육을 말하다: 관계, 본질, 변화.** 서울: 지식의 날개.

김용제, 조성애(2009). **마지막 사형수.** 서울: 형설라이프.

김운하(2014). 나는 혼자 산다. 몸문화연구소(편). **우리는 가족일까: 각자의 가족, 10가지 이야기,** 209-237. 서울: 도서출판 은행나무.

김웅철(2017). **초고령사회 일본에서 길을 찾다.** 서울: 페이퍼로드.

김인규(2018). 인구절벽 앞에서. **한국경제,** A32면. 2018년 11월 6일자.

김일혁, 김영원, 남수경, 김현철, 이수정, 성태제(2007). **사교육비 조사 방법 개선 연구.** 서울: 한국교육개발원.

김재성(2011). **걷기와 배움.** 연세대학교 대학원 <生의 痂 강독> 보고서. 2011년 11월 29일.

김재영(2013). 서울 청소년 26% 자살충동 경험. **동아일보.** 2013년 8월 27일자.

김재인(2020). **뉴노멀의 철학: 대전환의 시대를 구축할 사상적 토대.** 서울: 동아시아.

김정민(2013). 새 정부 주요 교육공약 실천방안 모색 II: 사교육비 부담 낮추기. **교육개발,** 40(1), 20-25.

김정환(1993). 페스탈로찌의 게르트루트의 자녀교육론. **중등우리교육,** 제37호, 120-123.

김정환(1995). **페스탈로찌의 교육철학**. 서울: 고려대학교 출판부.
김정환(2008). **페스탈로치의 생애와 사상**(개정판). 서울: 박영사.
김종길(2012). 걷기 여행 혹은 유목적 표류: 노마딕 레지던스의 노마딕 리포트에 관한 편견. **황해문화, 여름호**, 376-385.
김준식(2018). **일상성(Quotodiennete)**. https://brunch.co.kr/@brunchfzpe/412. 2018년 4월 25일자.
김지수(2021). **이어령의 마지막 수업**. 파주: 열림원.
김지인(2018). 120세 고령화 시대, 노인 아닌 어르신이 필요하다. **브레인, 68**, 21-23.
김진영(2016). **격의 시대**. 서울: 영인미디어.
김진한(2007). 고령화 사회의 성공적인 노화를 위한 노인교육 패러다임의 변화. **Andragogy Today, 10**(4), 1-24.
김진한(2012). <學習學>과 <生의 痲>에 나타난 학습과 배움의 비교 탐색. **Andragogy Today, 15**(1), 171-190.
김진희, 유승현, 심소령(2011). 건강증진을 위한 걷기의 의미와 영향 요인: 도시 걷기 실천자들의 경험. **보건교육건강증진학회지, 28**(4), 63-77.
김창희(2008). 규칙적인 걷기운동이 과체중 및 비만노인의 혈중지질 및 염증지표에 미치는 영향. 연세대학교 대학원 석사학위논문.
김해영(2017). 저출산을 저출생으로: 정책 패러다임 바꾸는 개정안 발의. **김해영 의원 82번째 법안 대표발의 보도자료**. 2017년 12월 17일자.
김형준(2018). N포 세대에게 포기의 의미. **광운대신문**, 제763호, 5면. 2018년 10월 29일자.
김형효(2007). **마음혁명**. 파주: 살림출판사.
김효선(2019). AI(인공지능)시대 미래교육의 배움학적 제언. **미래교육연구, 9**(4), 1-15.
김희경(2017). **이상한 정상 가족: 자율적 개인과 열린 공동체를 그리며**. 서울: 동아시아.
김희승(2008). **미국, 풍요와 탐욕의 두 거울**. 서울: 에세이.
닐 포스트만(1999). **교육의 종말**(차동춘 역). 서울: 문예출판사.
다니카 고이치(2004). **일의 즐거움**(하연수 역). 서울: 김영사.
다비드 르 브르통(2002). **걷기 예찬**(김화영 역). 서울: 현대문학.
대교교육연구소(2010). **공부하는 힘: 내가 주도하는 눈높이학습**. 서울: 대교출판.

데이비드 리즈먼, 나단 글레이저, 레울 데니(1983). **고독한 군중**(김태화 역). 서울: 정암.
데이비드 이글먼(2022). **우리는 각자의 세계가 된다: 뇌과학과 신경과학이 밝혀낸 생후배선의 비밀**(김승욱 역). 서울: 알에이치코리아.
도널드 핀켈(2010). **침묵으로 가르치기: 학생 스스로 생각하고 배우는 새로운 교육법**(문희경 역). 서울: 다산초당.
도리스 메르틴(2020). **아비투스: 인간의 품격을 결정하는 7가지 자본**(배명자 역). 파주: 다산초당.
랜디 포시, 제프리 재슬로(2008). **마지막 강의**(심은우 역). 파주: 살림.
레베카 솔닛(2003). **걷기의 역사**(김정아 역). 서울: 민음사.
로렌스 스미스(2012). **2050 미래쇼크**(장호연 역). 서울: 도서출판 동아시아.
로마로 과르디니(2016). **삶과 나이: 완성된 삶을 위하여**(김태환 역). 서울: 문학과 지성사.
로버트 프랭크, 필립 쿡(2008). **승자독식사회**(권영경 역). 서울: 웅진지식하우스.
류광열(2009). **진화와 경쟁의 패러다임을 넘어서**. 서울: 미래지식.
리차드 팔머(1990). **해석학이란 무엇인가**(이한우 역). 서울: 문예출판사.
리처드 이스털린(2022). **지적 행복론: 97세 경제학 교수가 물질의 시대에 던지는 질문**(안세민 역). 파주: 윌북.
림기운, 증환상, 임혜진, 진석기, 이패이(2012). **죽음학: 죽음에서 삶을 만나다**(전병술 역). 서울: 모시는 사람들.
마사 누스바움(2011). **공부를 넘어 교육으로**(우석영 역). 서울: 궁리.
마사 누스바움(2023). **연약한 선**(이병익, 강명신, 이주은 역). 파주: 서커스.
마우로 기엔(2020). **2030 축의 전환: 새로운 부와 힘을 탄생시킬 8가지 거대한 물결**(우진하 역). 서울: 리더스북.
마이클 헬러(2009). **소유의 역습 그리드락**(윤미나 역). 서울: 웅진지식하우스.
막스 리트케(1997). **페스탈로찌**(이온화 역). 서울: 한길사.
문화체육관광부(2012). **2012 국민여가활동조사**. 서울: 문화체육관광부.
문화체육관광부(2013). **전국에 조성된 도보여행길, 체계적 관리 추진**. 2013년 7월 10일자 보도자료.
미셀 마페졸리, 앙리 르페브르 외(1994). **일상생활의 사회학**(박재환 편). 서울: 한울 아카데미.
미셀 푸코(1994). **감시와 처벌**(오생근 역). 서울: 나남신서.

미하이 칙센트미하이(1999). **몰입의 즐거움**(이희재 역). 서울: 해냄.
박남희(2010). 자기실현과 자기치유로서의 철학: 삶의 예술화와 예술적 삶을 위하여. **한국철학상담치료학회 2010년 춘계 학술대회 발표집**, 17-28.
박명희, 백일우(2020). **사교육 이해**. 서울: 학지사.
박명희, 황지원(2022). **학원경영론**. 서울: 지원에듀.
박순창(2012). 한국의 인구구조 변화와 대응전략. **유라시아연구**, 9(1), 249-271.
박영근(2000). 페스탈로찌의 사회교육 이념이 현대교육에 미친 영향. **교육철학**, 18, 111-128.
박영아, 현용호(2012). 도보여행 동기 척도 개발 및 타당성 검증에 관한 연구: 제주도 올레길을 중심으로. **관광학연구**, 36(9), 27-50.
박영호(2012). **죽음공부: 다석 사상으로 읽는 삶과 죽음의 철학**. 서울: 교양인.
박용원(2012). **나를 찾아 길 떠나는 도보여행**. 서울: 책숲.
박재순(2008). 동서 문화의 만남으로서의 함석헌의 철학. **기독교사상**, 52(8), 32-42.
박채복(2018). 독일 출산지원정책의 젠더적 함의. **통합유럽연구**, 9(1), 189-216.
방재임(2017). 미래교육에 영향을 미치는 배움의 인적자원개발에 관한 연구. **미래교육연구**, 7(1), 25-36.
배영기(1992). **죽음학의 이해: 살아있는 사람들이 알고 싶은 죽음의 세계**. 서울: 교문사.
백우진(2016). 인구 절벽에 맞닥뜨릴까: 독일을 타산지석 삼아라. **중앙일보**. 2016년 3월 12일자.
백찬규(2017). **젊은 노인의 탄생: 베이비부머가 대한민국 경제 지도를 바꾼다**. 서울: 원앤원북스.
백혜진(2020). 고령사회에서의 배움여가에 관한 연구. **미래교육연구**, 10(2), 1-30.
변애경, 윤창국(2017). 생애사적 접근을 통해 본 여성노인학습자의 평생학습참여에 나타난 경험학습의 의미 탐색. **평생학습사회**, 13(3), 1-32.
빅터 프랭클(1995). **죽음의 수용소에서**(김충선 역). 서울: 청아출판사.
빌 설리번(2020). **나를 나답게 만드는 것들**(김성훈 역). 서울: 브론스테인.
사이먼 블랙번(2012). **철학을 낳은 위대한 질문들**(남경태 역). 서울: 휴먼사이언스.
샤를 단치(2013). **왜 책을 읽는가: 세상에서 가장 이기적인 독서를 위하여**(임명주 역). 서울: 이루.
서정렬(2013). "도시걷기"의 인문학적 접근과 도시공간의 경쟁력 강화 방안. **동향과 전망**, 89, 259-290. 한국사회과학연구소.

세실 가테프(2006). **걷기의 기적**(김문영 역). 서울: 도서출판 기파랑.
셸리 케이건(2012). **죽음이란 무엇인가**(박세연 역). 서울: 엘도라도.
소걀 린포체(1999). **삶과 죽음을 바라보는 티베트의 지혜**(오진탁 역). 서울: 민음사.
손종칠, 이동렬, 정선영(2016). 인구고령화의 경제적 영향 및 정책과제. **한국경제연구, 34**(2), 153-191.
스콧 갤러웨이(2021). **거대한 가속**(박선령 역). 파주: 리더스북.
스티븐 제이 굴드(2002). **풀하우스**(이명희 역). 서울: 사이언스북스.
신광영(2012). **불안사회: 대한민국 복지가 해답인가**. 서울: 살림.
신득렬(2000). **교육사상**. 서울: 학지사.
신은희(1997). 노동을 통해 꽃피는 이성을 희망하며: 페스탈로치에게 배우는 인간교육. **초등우리교육, 1월호**, 76-81.
신지은, 박정훈, 전병근, 강경희, 임호준(2008). **미래혁명: 행복한 미래, 불행한 미래**. 서울: 일송북.
실비아 쇼프(2008). **죽음의 탄생**(임영은 역). 서울: 말글빛냄.
안인희(1995). 장 자크 루소. **철학과 현실, 25**, 132-146. 철학문화연구소.
안주영(2009). 무형문화재의 도제제도에서 나타난 상황학습에 대한 고찰. **중앙민속학, 14**, 123-175. 중앙대학교 한국문화유산연구소.
알렉산더 서덜랜드 닐(2003). **서머힐: 자유와 행복의 가치를 배우는 학교**(정영하 역). 서울: 연암사.
알렉스 자보론코프(2016). **인구절벽을 넘어 다시 성장하라**(최주언 역). 서울: 처음북스.
알렉스 파타코스(2005). **의미있게 산다는 것**(노혜숙 역). 서울: 위즈덤하우스.
알베르트 레블레(2002). **서양교육사**(정영근, 임상록, 김미환, 최종인 공역). 서울: 문음사.
알폰스 디켄(2008). **인문학으로서의 죽음교육**(전성곤 역). 고양: 인간사랑.
앙리 르페브르(2005). **현대 세계의 일상성**(박정자 역). 서울: 기파랑.
어네스트 베커(2008). **죽음의 부정: 프로이트의 인간 이해를 넘어서**(김재영 역) 고양: 인간사랑.
엔에이치케이(NHK) 무연사회프로젝트팀(2012). **무연사회: 혼자 살다 혼자 죽는 사회**(김범수 역). 서울: 용오름.
엘리자베스 퀴블러-로스(1997). **인간의 죽음: 죽음과 임종에 관하여**(성염 역). 경북: 분도출판사.

엘리자베스 퀴블러-로스(2010). **죽음 그리고 성장**(이주혜 역). 파주: 도서출판 이레.
연세대학교 교육철학연구회(1999). **위대한 교육사상가들III**(편). 서울: 교육과학사.
오인탁(1982). **현대교육철학의 전망**. 서울: 교육과학사.
오인탁(1986). 교육의 인간화. **교육학연구, 24**(3), 31-40.
오진탁(2007). **마지막 선물**. 서울: 세종서적.
오토 프리드리히 볼로우(1999). **교육의 인간학**(오인탁, 정혜영 공역). 서울: 문음사.
와타나베 쇼이치(2012). **지적으로 나이 드는 법**(김욱 역). 고양: 위즈덤하우스.
왕멍(2004). **나는 학생이다**(임국웅 역). 서울: 들녘.
요한 하인리히 페스탈로치(1996). **은자의 황혼**(개정판)(김정환 역). 서울: 서문당.
요한 하인리히 페스탈로치(1997). **인간, 삶, 교육: 페스탈로치 아포리즘**(전일균 역). 서울: 내일을 여는 책.
요한 하인리히 페스탈로치(1999). **페스탈로치가 어머니들에게 보내는 편지**(개정판)(김정환 역). 파주: 양서원.
요한 하인리히 페스탈로치(2000). **숨은 이의 저녁노을**(김정환 역). 서울: 박영사.
요한 하인리히 페스탈로치(2008). **겔트루드는 어떻게 그의 자녀를 가르치나**(김선양 역). 파주: 한국학술정보(주).
우치다 다쓰루(2019). **인구 감소 사회는 위험하다는 착각**(김영주 역). 고양: 위즈덤하우스.
우치다 다쓰루(2021). **배움엔 끝이 없다**(박동섭 역). 서울: 유유.
우치다 타츠루(2015). **배움은 어리석을수록 좋다**(박재현 역). 서울: 샘터사.
울리 분덜리히(2008). **메멘토 모리의 세계: '죽음의 춤'을 통해 본 인간의 삶과 죽음**(김종수 역). 서울: 도서출판 길.
원광대학교 비교과통합센터(2021). **40년간 글을 쓰고 있는 무라카미 하루키의 글쓰기 루틴 중 7가지**. 원광대학교 비교과통합센터 자료실. 2021년 5월 17일자.
월터 아이작슨(2011). **스티브 잡스**(안진환 역). 서울: 민음사.
웨이드 로우랜드(2008). **탐욕주식회사**(이현주 역). 서울: 팩컴북스.
유영만(2003). **길거리 학습특강**. 서울: 학지사.
윤소정, 이상엽, 강신영, 정해진(2007). 의과대학생과 의학전문대학원생 간의 학습성향 차이. **한국교육, 34**(3), 3-27.
윤정준(2013). 걷는 길(Trail) 조성 사업의 문제와 해결방안: 국가탐방로제도 도입을 중심으로. **한국관광정책, 53**, 74-78.

윤홍식(2013). **양심이 답이다**. 서울: 봉황동래.

이계영(2010). 걷기의 명상적 접근. **종교교육학연구**, 34, 181-202.

이관춘(2021). **평생교육철학**. 서울: 학지사.

이규호(1996). **사람됨의 뜻: 철학적 인간학**. 서울: 제일출판사.

이무근(2001). **국제기구의 평생교육 정책동향 및 발전모델 비교분석**. 서울: 교육인적자원부.

이반 일리치(2023). **학교 없는 사회**(안희곤 역). 서울: 사월의 책.

이상건(2015). 인구절벽에 대비하는 3가지 키워드: '핵심'에 집중하고, '작은 것'의 가치를 생각하며, 투자는 '글로벌'하게. **주간동아, 제1003호**, 56-57.

이성근(2006). **私교육 生교육 종합학원 이야기**. 서울: 미래와 경영.

이승희(2009). 의학교육에서의 가르치는 것과 배우는 것의 의미. **의학교육논단**, 11(2), 33-37.

이연(2022). **매일을 헤엄치는 법**. 파주: 푸른숲.

이영호(2002). 영국과 미국의 평생학습 체제구축의 전략. **비교교육연구**, 12(2), 135-166.

이용범(2009). **인간 딜레마**. 서울: 생각의 나무.

이용재(2008). **탐욕과 공포의 게임**. 서울: 지식노마드.

이유진, 김영한, 윤옥경(2017). **인구절벽 현상과 청소년 정책과제**. 연구보고 17-R20. 서울: 한국청소년정책연구원.

이은정(2021). 평생학습 마인드셋 검사 개발 및 타당화. 숭실대학교 대학원 박사학위논문.

이의용(2010). **잘 가르치는 교수: 최고의 강의를 위한 교수법의 모든 것**. 서울: 쌤앤파커스.

이이정(2011). **죽음학 총론**. 서울: 학지사.

이종만(2001). 평생교육 관련법규의 체계화 과정 및 현황과 과제. **평생교육학** (편). 서울: 교육과학사.

이지현(2011). **학교 가기 싫은 아이**. 서울: 형설아이.

이춘겸(1987). 페스탈로치의 전인교육사상연구. **교육개발**, 9(7), 88-94.

이현군(2009). **옛 지도를 들고 서울을 걷다: 역사지리학자의 서울 걷기여행 특강**. 서울: 청어람미디어.

이혜영, 최정윤, 김지하, 김철희(2011). **학령인구 감소 대비 교육 부문 구조조정 전략에 관한 연구**. 서울: 한국교육개발원.

이호성, 권정현, 황지현(2012). 고령자의 걷기운동의 변화와 특징 및 신체운동기능. **한국체육과학회지, 21**(2), 1119-1130.

임마누엘 레비나스(1996). **시간과 타자**(강영안 역). 서울: 문예출판사.

임재희(2018). 단기 '출산율 목표'로 저출산 대책 실패... 삶의 질, 성평등이 해법: 저출산·고령사회위원회 재구조화 자문 전문가 진단 공개, 전문가들 "사회보장제도 확대하고 성차별 해소해야". 뉴시스Newsis. 2018년 10월 25일자.

임재희(2018). 실패한 日청년정책서 韓해법을 찾아라... 방한한 야마모토 코페이 리쓰메이칸대 교수(日 히키코모리 전문가) 제언: "일자리가 발달상 위기까지 구해주지 않아", "사회 복귀할 수 있도록 정부정책 구축해야". 뉴시스Newsis. 2018년 10월 30일자.

임희정(2008). 유형별 걷기운동이 노인의 심혈관질환 위험요인과 체력수준에 미치는 영향. 연세대학교 대학원 석사학위논문.

장 그르니에(2001). **일상적인 삶**(김용기 역). 서울: 민음사.

장 레이브(2002). **상황학습**(전평국, 박성선 공역). 서울: 교우사.

장 자크 루소(2003). **에밀**(김중현 역). 서울: 한길사.

장 자크 루소(2007). **에밀**(정병희 역). 서울: 동서문화사.

장 지글러(2008). **탐욕의 시대**(양영란 역). 서울: 갈라파고스.

장 피아제(2005). **교육론**(이병애 역). 서울: 동문선.

장원섭(2003). 평생학습지원체제로서 사회학습망의 제안. Andragogy Today, 6(2), 1-20.

장원섭(2015). **장인의 탄생**. 서울: 학지사.

전상완, 이우승(2012). 걷기운동 참여 노인들의 인지된 자유감과 심리적 웰빙, 심리적 행복감 간의 관계에서 자아실현의 조절효과. **한국체육과학회지, 21**(2), 305-322.

전영수(2014). **인구 충격의 미래 한국**. 고양: 프롬북스.

전하준(2006). 맹자와 페스탈로찌의 인성론 비교. 영남대학교 대학원 석사학위논문.

정대현, 강영안, 황필호, 한준상, 김영태, 김대식, 황보윤식, 김영호(2011). **생각과 실천: 함석헌 사상의 인문학적 조명**. 파주: 한길사.

정동호, 김귀룡, 조대호, 김정현, 백승영, 박찬국, 신옥희, 안상헌, 이정우, 박원재, 정상봉(2004). **철학, 죽음을 말하다**. 서울: 산해.

정민(2013). **오직 독서뿐**. 서울: 김영사.
정범모(2004). **한국의 내일을 묻는다**. 서울: 나남.
정범모(2007). **그래, 이름은 뭔고?** 서울: 나남.
정수복(2009). **파리를 생각한다: 도시 걷기의 인문학**. 서울: 문학과 지성사.
정양선(2016). 다양성 교육과 연계한 학교조직을 통한 배움공동체 평생학습인 기르기. **미래교육연구**, 6(3), 1-19.
정영교(1998). 영상시대의 도래와 새로운 청소년문화의 형성. **한국청소년연구**, 9(2), 349-368.
정영근(1995). **인간과 교육의 이해**. 서울: 문음사.
정영근, 정혜영, 이원재, 김창환(2011). **교육학적 사유를 여는 교육의 철학과 역사**. 서울: 문음사.
정영수(1995). **인간교육의 탐구**. 서울: 동문사.
정용인(2016). 인구절벽 후 절망사회 탈출구는 없나. **경향신문**. 2016년 1월 23일자.
정용주(2020). '포스트 코로나 교육'이 아닌 '지금 코로나 교육'. **오늘의 교육**, 57, 14-26.
정우향(2019). **소통의 시선: 회복탄력성, 소통, 신자유주의**. 논산: 대장간.
정재걸(2010). **삶의 완성을 위한 죽음교육**. 서울: 지식의 날개.
정제영(2022). 디지털 대전환과 미래교육의 방향. **대한민국정책브리핑**. 2022년 12월 8일자.
정지영, 최운실(2017). 미래의 '시니어붐' 시대의 신노년의 역할. **미래교육연구**, 7(3), 1-24.
정혜영(1991). **교육인간학의 성립과 전개**. 서울: 성지출판사.
정희승(2019). **일상 예찬**. 고양: 연암서가.
제레미 리프킨(2009). **소유의 종말**(이희재 역). 서울: 민음사.
제임스 데이터(2008). **다가오는 미래**(우태정 역). 서울: 예문.
조너선 하이트, 그레그 루키아노프(2019). **나쁜 교육**(왕수민 역). 파주: 프시케의 숲.
조봉수(2020). **미래의 교육, 올린**. 서울: 스리체어스.
조슬린 글라이(2020). **루틴의 힘**(편)(정지호 역). 서울: 부키.
조식(2002). **사람의 길, 배움의 길**. 서울: 한길사.
조영태(2016). **정해진 미래: 인구학이 말하는 10년 후 한국 그리고 생존전략**. 서울: 북스톤.
조영하(2009). 고령화 사회에 대비한 캐나다의 교육, 사회정책 패러다임 분석.

Andragogy Today, 12(1), 29-55.
조재형(2017). **위험사회: 세월호, 가습기 살균제, 최순실 게이트까지 왜 대한민국의 위기는 반복되는가?** 서울: 에이지21.
조지 스타이너(2021). **가르침과 배움**(고정아 역). 파주: 서커스.
조지프 아마토(2006). **걷기, 인간과 세상의 대화**(김승욱 역). 서울: 작가정신.
조한욱(2000). 낡은 책 향기의 기억 속에서. **미래의 얼굴**, 5/6월호.
조형석(2008). 걷기운동이 공복혈당장애 및 제2형 당뇨 노인의 혈중 당대사 지표와 지질대사 지표에 미치는 영향. 연세대학교 교육대학원 석사학위논문.
천경희, 박원균, 이상숙, 박영순, 강이철(2010). 의과대학에서의 교육풍토, 자기주도학습, 그리고 창의적 사고에 대한 고찰: 타 대학 유사전공 학생들과의 비교를 기반으로. **사고개발**, 6(1), 179-200.
천지영, 김성길(2011). 미래 대학 수업과 배움학의 접점. **배움학연구**, 3(1), 61-71.
최명선(2005). **해석학과 교육: 교육과정사회학탐구**. 서울: 교육과학사.
최상근, 김양분, 유한구, 김현진, 이희숙(2003). **사교육비 실태 및 사교육비 규모 분석**. 서울: 한국교육개발원.
최성우, 김판수(2010). **자기주도학습: 아이를 바꾼다**. 서울: 교육과학사.
최슬기(2015). 한국사회의 인구변화와 사회문제. **경제와 사회**, 106, 14-40.
최승호(2017). 고령화와 노년의 사회문제. **충북 Issue & Trend**, 31, 39-43.
최윤식, 최현식(2016). **2030 미래의 대이동**. 파주: 김영사.
최종덕(2008). 생명에는 권력이 없다. **실천문학, 통권92호**, 246-261.
최항석(2005). 배움으로서의 여가에 관한 연구. **한국교육**, 32(4), 267-279.
최항석(2015). 배움의 다문화교육에 관한 인문학적 논고(論考). **미래교육연구**, 5(3), 23-36.
최항석, 김성길(2020). 미래 공동체를 위한 안드라고지로서 시민교육의 재고(再考). **미래교육연구**, 10(3), 21-39.
최항석, 김성길(2022). 평생교육기반 공동체 구축을 위한 역량 함양 연구. **Andragogy Today**, 25(1), 83-102.
최항석, 방재임(2020). 미래 고령화 사회의 평생교육을 위한 사회철학적 분석에 관한 연구. **미래교육연구**, 10(1), 35-56.
최현배(1963). **나라 건지는 교육**. 서울: 정음사.
케네스 도카, 존 모건(2006). **죽음학의 이해: 죽음과 영성**(김재영 역). 고양: 인간사랑.
케이 쏜(2005). **블렌디드 러닝**(김성길, 양유정, 임의수, 편은진 공역). 서울: 학지사.

크리스토프 라무르(2007). **걷기의 철학**(고아침 역). 서울: 개마고원.
클라우스 슈밥, 티에리 말르레(2021). **위대한 리셋**(이진원 역). 서울: 메가스터디 북스.
타라 웨스트오버(2020). **배움의 발견**(김희정 역). 파주: 열린책들.
토머스 채터턴 윌리엄스(2022). **배움의 기쁨**(김고명 역). 파주: 다산북스.
통계청(2018). **인구주택총조사에 나타난 1인 가구의 현황 및 특성**. 2018년 9월 28일자.
통계청(2022). **2021년 초중고 사교육비 조사 결과**. 대전: 통계청.
파멜라 메츠(2003). **배움의 도**(이현주 역). 서울: 도서출판 민들레.
파스칼 브뤼크네르(2021). **아직 오지 않은 날들을 위하여**(이세진 역). 서울: 인플루엔셜.
폴 로버츠(2016). **근시사회**(김선영 역). 서울: 민음사.
폴 어빙(2016). **글로벌 고령화, 위기인가 기회인가**(김선영 역). 서울: 아날로그.
프랑크 베르츠바흐(2016). **무엇이 삶을 예술로 만드는가**(정지인 역). 서울: 불광출판사.
프랑크 쉬르마허(2005). **고령사회 2018: 다가올 미래에 대비하라**(장혜경 역). 서울: 나무생각.
프랭크 파트노이(2004). **전염성 탐욕**(이명재 외 역). 서울: 필맥.
피에르 부르디외(2005). **구별짓기: 문화와 취향의 사회학**(최종철 역). 서울: 새물결.
피터 싱어(2003). **삶과 죽음**(장동익 역). 서울: 철학과 현실사.
필리프 사시에(2000). **왜 똘레랑스인가**(홍세화 역). 서울: 상형문자.
필립 시먼스(2002). **소멸의 아름다움**(김석희 역). 서울: 나무심는사람.
필립 지강테스(2004). **권력과 탐욕의 역사**(강미경 역). 서울: 이마고.
하우석(2004). **걷는 인간, 죽어도 안 걷는 인간**. 서울: 거름.
한병철(2012). **피로사회**(김태환 역). 서울: 문학과 지성사.
한순미(2004). **평생학습 사회에서의 자기주도적 학습전략**. 파주: 양서원.
한정주(2020). **조선 최고의 문장 이덕무를 읽다: 간서치 이덕무와 그의 벗들이 들려주는 18세기 조선 지식인의 내면 풍경**. 파주: 다산초당.
한준상(1997). **청소년문제**(증보판). 서울: 연세대학교 출판부.
한준상(1999). **청소년학 연구**. 서울: 연세대학교 출판부.
한준상(1999). **호모 에루디티오**. 서울: 학지사.
한준상(2000). **Lifelong education: 모든 이를 위한 안드라고지**. 서울: 학지사.
한준상(2001). **學習學**. 서울: 학지사.

한준상(2003). 한국 평생교육의 위상과 과제. **유네스코 한국위원회 주최 평생학습사회 정책포럼 자료집**, 19-57.
한준상(2004). 한국의 교육산업의 현황과 발전방향. **교육산업과 한국교육의 발전과제**, 3-52. 한국산업교육학회 추계 학술대회 발표논문.
한준상(2005). **國家課外**. 서울: 학지사.
한준상(2009). 배움학의 창설(創設)과 융화(融和). **배움학연구**, 1(1), 1-16.
한준상(2009). **生의 痂: 배움**. 서울: 학지사.
한준상(2011). 함석헌의 씨알 배움론: 구제신애. **함석헌학회 춘계 학술대회 자료집**, 12-29.
한준상(2013). **生의 過**. 서울: 학지사.
한준상(2014). **生의 癒: 평생교육의 철학**. 서울: 학지사.
한준상(2017). **행복**. 서울: 학지사.
한준상, 김성길(2007). **학교학의 한계와 배움학의 가능성에 관한 비판적 연구**. 서울: 학지사.
한준상, 김성길, 민선향, 최항석, 김소영(2007). **배움학, 그 시작된 미래**. 서울: 학지사.
한준상, 이명준, 박순용, 이관춘, 한상길, 김성길, 최항석(2009). **배움학: 각취의 향연**. 서울: 학지사.
한준상, 최항석, 김성길(2012). **배움의 사회학적 관점전환론**. 경기: 공동체.
한준상, 최항석, 김성길(2012). **배움의 쟁점과 경향**. 경기: 공동체.
한준상, 한상길, 조해경, 이명준, 김성길, 민원표, 서정기, 이이정, 정승일, 최항석, 한진상(2013). **배움의 향연**. 경기: 공동체.
함석헌(1983). **人間革命의 哲學**. 서울: 한길사.
해리 덴트(2015). **2018 인구절벽이 온다**(권성희 역). 서울: 청림출판.
허두영(2022). **오늘을 괜찮은 하루로 조각하는 법, 데일리 루틴**. 현대건설 Hyundai E&C Newsroom. 2022년 2월 18일자.
현대경제연구원(2014). 2020년 인구 효과에 따른 소비구조 전망. **VIP Report**, **14-45호(통권 596호)**. 2014년 12월 15일.
홍덕화(2018). 전환적 사회혁신과 고령사회 대응. **경제와 사회, 3월호**, 317-348.
홍성욱(2002). **파놉티콘: 정보사회 정보감옥**. 서울: 책세상.
홍영란(2003). 국가인적자원개발정책, 그 방향과 원칙을 짚어본다. **교육정책포럼**. 2003년 7월 31일자.
홍정민(2021). **에듀테크의 미래: 코로나 이후 에듀테크가 바꾸는 미래의 교육**.

서울: 책밥.

황지원(2022). 사교육 기관의 사회적 책임에 관한 연구. 경기대학교 대학원 박사학위논문.

Aiken, L. R.(1994). *Dying, death, and bereavement* (3rd ed.). MA: Allyn & Bacon.

Brookfield, S.(1985). Self-directed learning: From theory to practice. *New Directions for Continuing Education, No. 25*. SF: Jossey-Bass.

Buck, G.(1967). *Lernen und Erfahrung*. Stuttgart.

Candy, P. C.(1991). *Self-direction for lifelong learning*. SF: Jossey-Bass.

Carlzon, J.(1987). *Moments of truth*. MA: Ballinger Publishing Company.

Coy, M. W.(1989). *Apprenticeship: From theory to method and back again*. NY: State University of New York Press.

Dave, R. H.(1976). *Foundations of lifelong education*. Paris: UNESCO Institute for Education.

Delors, J. et al.(1996). *Learning: The treasure within*. Paris: UNESCO.

Dent, S. H.(2015). *The demographic cliff: How to survive and prosper during the great deflation ahead*. NY: Portfolio.

Eagleman, D.(2021). *Livewired: The inside story of the ever-changing brain*. London: Canongate Books Ltd.

Faure, E. et al.(1972). *Learning to be*. Paris: UNESCO.

Feyerabend, P.(1975). *Against method*. London: Verso.

Galloway, S.(2020). *Post Corona: From crisis to opportunity*. London: Penguin Random House.

Glei, J. K.(Ed.)(2013). *Manage your day-to-day: Build your routine, find your focus & sharpen your creative mind*. Las Vegas: Amazon Publishing.

Hern, M.(1996). *Deschooling our lives*. CT: New Society Publishers.

Illich, I.(1971). *Deschooling society*. NY: Harper & Row.

Irving, P. H.(2014). *The upside of aging: How long life is changing the world of health, work, innovation, policy, and purpose*. NJ: Wiley.

Kalish, R. A.(1985). *Death, grief, and caring relationships* (2nd ed.). CA: Brooks/Cole Publishing Company.

Kastenbaum, R. J.(2007). *Death, society, and human experience* (9th ed.). MA: Allyn & Bacon.

Kim, S. G., & Park, J. S.(2008). Implications of erudition in lifelong education. *Andragogy Today: Interdisciplinary Journal of Adult & Continuing Education, 11*(4), 121-138.

Knowles, M.(1975). *Self-directed learning*. NY: Association Press.

Lave, J., & Wenger, E.(1991). *Situated learning: Legitimate peripheral participation*. NY: Cambridge University Press.

Lengrand, P.(1970). *Introduction to lifelong education*. Paris: UNESCO.

Long, H. B., & Associates(1988). *Self-directed learning: Application and theory*. Athens: Department of Adult Education, University of Georgia.

Merriam, S. B., Caffarella, R. S., & Baumgartner, L. M.(2007). *Learning in adulthood: A comprehensive guide* (3rd ed.). NY: John Wiley & Sons, Inc.

OECD(2001). *Education policy analysis 2001*. Paris: OECD.

OECD(2022). *Education at a glance: OECD Indicators*. Paris: OECD.

Postman, N.(1995). *The end of education: Redefining the value of school*. NY: Vintage Books.

Roberts, P.(2014). *The impulse society: America in the age of instant gratification*. NY: Bloomsbury Publishing.

Rousseau, J.(1964). *The first and second discourses*. New York: Martins Press.

Smith, L. C.(2011). *The world in 2050: Four forces shaping civilization's northern future*. London: Dutton Books.

Stebbins, R. A.(1992). *Amateurs, professionals, and serious leisure*. Montreal, PQ: McGill-Queen's University.

Sullivan, B.(2019). *Pleased to meet me: Genes, germs, and the curious forces that make us who we are*. Washington DC: National Geographic Society.

Visser, J.(2000). Rethinking learning: Implications for policy, research and practice. In M. Jain, & S. Jain(Eds.), *Unfolding learning societies: Challenges and opportunities*. India: Shikshantar.

Zhavoronkov, A.(2013). *The ageless generation: How advances in biomedicine will transform the global economy*. NY: Palgrave MacMillan.

www.kedi.re.kr 한국교육개발원 홈페이지
www.mcst.go.kr 대한민국 문화체육관광부 홈페이지
www.moe.go.kr 대한민국 교육부 홈페이지
www.nile.or.kr 국가평생교육진흥원 홈페이지
www.oecd.org OECD 홈페이지
www.unesco.org UNESCO 홈페이지

미주

1) 이 글은 배움학과 관련한 기존의 다종다양한 저술과 글들을 참고하고 차용해서 작성하였으며, 그 가운데서도 특히 'Kim, S. G., & Park, J. S.(2008). Implications of erudition in lifelong education. *Andragogy Today: Interdisciplinary Journal of Adult & Continuing Education, 11*(4), 121-138'을 바탕으로 수정 보완한 글이다.

2) 이 글은 '김성길(2010). 의학교육에서 자기주도학습원리를 통한 배움의 용기 고찰. 의학교육논단, 12(2), 5-11'을 수정 보완한 글이다.

3) '대충살기', '무민(無-mean)세대', 'n포 세대' 등의 용어가 우리 사회에 확산되는 가운데, '포기'가 청년 세대 스스로의 자율적 선택임을 주장하는 김형준의 글은 참신하다(참고: 김형준(2018). N포 세대에게 포기의 의미. 광운대신문, 제763호, 5면. 2018년 10월 29일자): "시작은 '3포 세대'였다. 혼자 먹고 살기도 힘든 세상에서 청년 세대가 연애, 결혼, 출산을 포기했다는 뜻이다. 어느 순간 여기에 인간관계와 내 집 마련을 포기한다는 '5포 세대'라는 말이 나오더니 꿈과 희망마저 포기했다며 '7포 세대'를 지나 이젠 'N포 세대'라는 말이 공고히 생겨버렸다. 우리나라만의 이야기는 아니다. 일본에도 '사토리 세대'라는 말이 있다. 돈벌이나 출세에 관심 없는 젊은이들을 이르는 말로 우리나라에서는 '달관 세대'라고 번역하고 있다. 긍정적인 의미의 달관이 아니다. 기대로부터 벗어나 욕심 없이 살아가겠다는 일종의 체념의 의미다... 하지만 주위를 둘러보면 또 여기에 고개가 갸우뚱해진다. 취업 준비생의 74%가 연애를 포기할 의향이 있다고 했지만 주위에 많은 친구들은 예쁜 연애를 이어가고 있다. 혼인 건수가 최저치를 기록했다는데 웬만한 결혼식장에는 자리가 없단다. 사회에서 요란하게 떠드는 N포 세대라는 언어가 피부로 그다지 와 닿지 않는 이유는 무엇일까? 무엇보다 우리 청년 세대의 N포는 비자발적 포기를 말하지 않는다. 우리 세대는 대체로 결혼을 어쩔 수 없이 '포기'하지 않는다. 다만, 각자의 가치관에 입각해 결혼하지 않겠다고 선언하는 것이다. 그래서 우리는

미혼이라는 단어와 비혼이라는 단어를 분리해 쓰고 있다. 경제적 상황으로 출산을 불가피하게 피하는 경우도 있겠지만, 아이를 가지지 않는 대부분의 부부들은 딩크족이 되기로 선택한 것이다. 인간관계도 마찬가지다. 어떤 사람과의 관계를 잡고 싶어도 잡지 못하게 된 것이 아니라, '복잡한 세상' 혼자 '편하게 살기'로 다짐하고 있는 것이다... 다만, 안 그래도 힘든 세상에서 BTS의 가사처럼 "3포 세대 5포 세대... 언론과 어른들은 의지가 없다며 우릴 싹 주식처럼 매도"하는 분위기는 없어져야 한다. 또한 우리 스스로를 N개의 가치를 포기한 무기력한 사람들로 만들지는 말았으면 좋겠다. N포 세대의 다른 말은 포기한 N개를 제외한 다른 가치들을 여전히 간직하고 지키고 있는 세대라고 할 수 있지 않은가."

4) 캥거루족의 확산은 스웨덴과 같은 선진복지국가라고 예외는 아니다(참고: 정경화(2017). 20세면 독립하던 스웨덴, 요즘은 4명 중 1명이 캥거루족. 조선일보 A14면. 2017년 6월 10일자): "북유럽의 대표적인 복지국가인 스웨덴에서 '캥거루족(族)' 젊은이들이 크게 늘고 있다. 캥거루족은 어른이 되었는데도, 부모 집에 얹혀살거나 경제적으로 의존하는 이들을 말한다. 지난달 스웨덴 세입자연맹 조사에 따르면 스웨덴의 20~27세 청년 26만명이 부모와 함께 살고 있는 것으로 나타났다. 이는 전체 청년의 24.3%로, 20년 전 15.2%에 비해 크게 증가한 것이다. 이 중 21만명은 경제적 이유로 어쩔 수 없이 부모와 같이 살고 있는 것으로 조사됐다. 부모와 함께 살면서 주거비, 식비 등 일상적 지출을 줄이는 것이다... 부모로부터 독립하는 시기가 늦춰지면서 결혼이나 출산도 늦어지는 추세이다. 부모 역시 노후 대비에 차질이 생긴다는 분석도 나온다. 대도시 주거비가 급등하고 있는 것도 한 이유로 꼽힌다. 스톡홀름 등 스웨덴 대도시들은 최근 집값과 임대료가 치솟고 있다. 글로벌 금융위기 이후 경기를 살리기 위해 돈이 대거 풀린 데다, 일자리를 찾아 대도시로 유입되는 인구가 급증한 데 따른 것이다. 스위스 투자은행 UBS는 지난해 말 유럽에서 런던 다음으로 부동산 버블이 심한 도시로 스톡홀름을 꼽았다. 스톡홀름 집값은 최근 2년 새 15% 넘게 뛰었다... 수도권 집중 현상도 심화되고 있다. 2005년 스톡홀름 인구증가율은 3.5%였지만 2010년 9.0%, 2015년 9.3%로 늘었다. 스웨덴 정부는 청년들의 세금 부담을 줄여주는 등 대책 마련에 나서고 있

다. 지난 2014년부터 23세 이하 근로자는 소득의 10.21%, 25세 이하는 15.49%만 세금으로 내도록 하고 있다. 스웨덴 근로자들의 평균 근로소득세율은 31.42%다. 하지만 스웨덴 청년들은 여전히 부모로부터 자립하려는 의지가 높은 것으로 나타났다. 세입자연맹의 설문 결과에 따르면 현재 부모와 함께 사는 청년 10명 중 8명은 "내년에는 반드시 독립하고 싶다"고 답했다."

5) 이 글에서는 '저출산'이라는 용어 대신에 '저출생'이라는 용어를 사용하였다. 이는 기존의 저출산이라는 용어가 지닌 가치 편향성을 극복하려는 시도다. 김해영 의원은 용어의 변경을 통해 출산이나 육아가 여성의 책임이라는 차별적 인식을 해소할 수 있고, 이를 통해 국가와 사회의 책임을 강조하는 정책 패러다임의 변화가 필요함을 지적했다. 즉, '저출산'이라는 용어는 임산부가 아이를 낳는 출산의 횟수가 낮다는 의미로 저출산의 책임이 여성에게 있다고 오해할 소지가 있다. 신생아가 줄어드는 현상은 출생률의 감소에 그 원인이 있으므로 용어 사용 역시 '저출산'이 아니라 '저출생'으로 변경하여 사용할 필요가 있음을 제시하고 있다(참고: 김해영(2017). 저출산을 저출생으로, 정책 패러다임 바꾸는 개정안 발의. 김해영 의원 82번째 법안 대표발의 보도자료. 2017년 12월 17일자).

6) 코로나 팬데믹을 경험한 이후의 포스트 코로나 사회에 필요한 지식과 이를 위한 대학교육에의 일침은 인문학적 소양의 중요성을 강조하고 있다(참고: 최윤식, 최현식(2016). 2030 미래의 대이동. 파주: 김영사, 294-295쪽): "우리가 알고 있는 지식이라는 것들은 갈수록 가치가 떨어질 것이다. 굳이 습득하거나 외우지 않아도 언제 어디서든 검색하고 활용할 수 있기 때문이다. 언어구사보다는 의사소통이, 지식보다는 지혜가, 암기력보다는 이해력이, 매뉴얼보다는 창의력이 경쟁력 있는 스펙이 될 것이다. 인재상도 많이 달라질 것이다. 제품을 팔기 위해서는 제품도 잘 알아야 하지만, 제품을 구매할 사람을 잘 이해해야 경쟁력을 가지게 될 것이다. 사람을 이해한다는 것은 사람의 심리, 사람의 역사, 사람의 철학, 사람의 성향, 사람의 정서와 감정, 감성까지 잘 이해한다는 뜻이다. 결국 인문학적 소양이 매우 중요한 스펙이 될 수 있다. 이해력과 추진력 및 판단력, 성숙한 인성 등의 인문학적 소양은 소수의 대학생에게서만 찾을 수 있다. 즉 대다수의 대학 졸업자는 대

학교육을 받지 않은 사람보다 그다지 탁월하지 않다."

7) 인구절벽을 맞닥뜨린 위기 상황에서 우리나라 인구정책과 관련한 표어의 변천 과정을 에세이 형식으로 회상한 김인규 총장의 글은 흥미롭고 의미가 있다(참고: 김인규(2018). 인구절벽 앞에서. 한국경제, A32면. 2018년 11월 6일자): "#1 '너희들 결혼하면 자식은 둘만 낳아라!' 10남매를 낳은 어머니께서 자식들에게 늘 당부하시던 말씀이었다. 그래서 10남매의 막내로 태어난 필자도 자식을 두명만 낳았다. 어머니는 1950년 6.25전쟁 발발 전에 막내인 필자까지 아들과 딸 다섯씩 낳고 전쟁의 고비를 무사히 넘겼다... 전쟁 직후 다산(多産)정책이 1960년대 경제개발정책과 맞물리며 인구증가 억제정책으로 급선회했다. 표어 내용도 '알맞게 낳아서 훌륭하게 키우자.'로 바뀌었다. 그런데도 남아선호사상으로 계속 인구가 늘어나자 1970년대 들어 보다 적극적인 인구 억제책의 일환으로 '아들 딸 구별 말고 둘만 낳아 잘 기르자!'로 표어가 바뀌었다. #2 '둘도 많다! 하나만 낳아 정성껏 키웁시다!' 1970년대부터 본격적 산아제한정책을 추진했음에도 성과가 미진하자 1980년대 들어 정부는 "선진국에서는 자녀를 한 명씩만 낳는다."며 '일등국민 하나 낳기' 운동을 벌였다. 그 결과 인구정책 표어에 '하나씩만 낳아도 삼천리는 초만원!'이라든가 '무서운 핵폭발, 더 무서운 인구폭발!'이란 끔찍한 표현까지 등장했다... #3 '결혼하면 자식을 둘 이상 낳겠다고 약속하겠습니까?' 10여년 전부터 이런저런 이유로 불가피하게 결혼식 주례를 맡게 되면 예비 신랑신부들에게 던진 질문이다. 이 조건을 수용해야만 주례를 맡겠다는 협박성 제의에 신랑신부들은 결혼식장에서 공개적으로 약속할 수밖에 없었다. 지금도 그 약속을 잘 지키고 있는지 주시하고 있다. 더 늦기 전에 우리 사회가 외쳐야 할 표어가 하나 남았다. '셋 이상 낳은 부모는 애국자요 영웅이다!'"

8) 참고: 백우진(2016). 인구 절벽에 맞닥뜨릴까: 독일을 타산지석 삼아라. 중앙일보 사회면. 2016년 3월 12일자: "단카이세대는 성장기에 교실 증축과 입시 붐을 몰고 왔고 가정을 이루면서 가정용 승용차 시대를 열었다. 이들은 40대인 1980년대 후반에는 주택 건설 붐을 일으켰다. 단카이세대는 50세에 가까워지면서 지출을 줄이게 된다. 그런데 이후 세대는 단카이세대에 비해 수가 훨씬 적어 단카이세대의 지출 감소분을 채워주지 못했다. 이에 따라 인구절벽이 나타났다. 이런 인구절벽

이 부동산 가격 하락이나 거품 붕괴로, 내수 시장 위축으로 나타났다는 게 덴트(Dent)의 주장이다. 덴트는 다음 차례는 한국이라고 말한다. 한국의 인구 정점은 일본보다 22년 뒤인 1971년으로, 이때 102만여 명이 태어났다. 그는 한국의 부동산 시장은 이 시기의 42년 뒤인 2013년에 정점을 기록했다고 주장하고, 그보다 4년 뒤인 2018년 이후에는 소비가 감소할 것이라고 말한다."

9) 참고: 박채복(2018). 독일 출산지원정책의 젠더적 함의. 통합유럽연구, 9(1), 189-216: "출산지원정책은 저출산 및 고령화 현상에 직면한 독일 사회의 핵심의제 중 하나이며, 이는 국가의 경쟁력 강화와 직결된 문제로 가족문제의 정치적 이슈화 과정과 가족복지정책의 공적 담론의 핵심적인 부분을 차지하고 있다. 특히 독일의 출산지원정책 가운데 2007년부터 시행된 부모휴직수당제도는 지속가능한 가족정책을 기반으로 독일사회가 남성생계부양자모델에서 이인소득자모델로 전환되는 과정에서 중요한 이정표 역할을 수행하고 있다. 낮은 출산율을 기록하고 있는 독일에서 부모휴직수당제도의 시행으로 인한 다양한 사회적 변화는 인구통계학적 문제로 인한 저출생 및 고령화 문제의 해결과 함께, 자녀양육에 대한 남녀 공동책임에 대한 사회적 관심과 국가의 적극적인 개입의 필요성에 대한 인식을 전환하는 계기를 마련하였다는 점에서 젠더적 함의를 지니며 그 시사점이 크다."

10) 단순히 일자리 창출과 취업률 증진이라는 단기적 처방으로는 청년 실업을 포함한 문제 해결에 도움이 되지 못한다. 청년들의 삶의 질을 높일 수 있도록 일자리 지원정책과 주거 지원정책, 지역생활정책, 평생교육 등이 함께 연동되어야 한다(참고: 임재희(2018). 실패한 日청년정책서 韓해법을 찾아라... 방한한 야마모토 코페이 리쓰메이칸대 교수(日 히키코모리 전문가) 제언: "일자리가 발달상 위기까지 구해주지 않아", "사회 복귀할 수 있도록 정부정책 구축해야". 뉴시스Newsis. 2018년 10월 30일자): "...일본 청년들은 한국 청년들보다 행복할까? 지난 12일 한국을 찾은 일본 리쓰메이칸대 야마모토 코헤이(山本 耕平) 교수는 "아니다"라는 답을 내놓았다. 야마모토 교수는 '히키코모리(은둔형 외톨이)'와 '니트족(구직 의지가 없는 무직자)' 등 일본 청년 문제 권위자로 잘 알려져 있다. 야마모토 교수는 30일 뉴시스와 단독으로 진행한 서면인터뷰에서 청년 문제를 해결하기 위해서는 단순히 일자

리 문제만으로 접근해선 안된다고 강조했다. 그는 "성인 이행기에 청년들의 자립을 어렵게 하는 원인은 부모의 학대와 친구들의 집단 따돌림 등으로 얻은 깊은 마음의 상처, 첫 직장에서의 적응 실패 등으로 다양하다"며 "일자리로 경제적인 자립은 가능할지 모르지만 생존·발달상 위기를 극복하는 것은 가능하지 않다"고 지적했다... 일자리 성과에 급급한 나머지 가족과 친구 등 청년들의 사회관계 회복엔 다소 소홀했다는 게 야마모토 교수의 일본 정부 청년대책 진단이다. 그는 현재 일본 정부의 청년 대책은 "취업률이라는 평가기준을 추궁 당하는 위치에 놓여 있다"고 평가했다. 그러면서 일본 청년들은 '또래 콤플렉스(peer complex)'를 겪으면서 스스로를 고립시키고 있다고 강조했다. 야마모토 교수는 "경쟁사회에서 젊은이들은 서로가 서로의 경쟁 상대가 되면서 어떻게든 이겨야 한다는 생각에 지배된다"면서 "그러다 어떤 일로 친구보다 자신이 열등하다고 생각하는 순간, 그 젊은이에게선 뿌리 깊은 콤플렉스가 생겨난다"고 또래 콤플렉스를 설명했다... 야마모토 교수는 이 같은 문제를 해결하기 위해선 '일자리와 수입'이라는 노동 영역과 함께 친밀 영역인 '가족과 주거', 커뮤니티 영역인 '동료와 친구' 등 3개 분야에서 정책을 구축해야 한다고 말한다. 그는 "최하층에 있는 청년들이 청년 복지의 대상이 돼야 할 것"이라며 "이들이 다시 사회에 복귀할 수 있도록 일자리 지원정책과 함께 주거 지원정책, 지역생활정책, 평생교육 등이 함께 연동돼 적절한 뒷받침이 돼야 한다"고 조언했다."

11) '무연사(無緣死)'는 모든 인간관계가 끊어진 상태에서 혼자 죽음으로써 시신을 거두어 줄 사람이 없는 죽음을 말한다. NHK무연사회프로젝트팀(2012)은 신원이나 연고자 확인이 안 되는 죽음이 전국적으로 32,000여 명에 이르는 일본 사회를 무연사회(無緣社會)라고 이름 붙였고, 이러한 '무연사'가 어느 정도 발생하고 왜 일어나는지를 취재하면서 다시금 경각심을 불러 일으켰다. 즉, 가족의 돌봄이 필요한 어르신들이 홀로 고립돼서 생활하다가 아무도 모르게 죽음을 맞이하거나, 일자리가 없는 젊은이가 사회와 격리된 채 극빈층의 삶을 살다가 죽음에 이르는 경우를 보여주고 있다(참고: 엔에이치케이(NHK)무연사회프로젝트팀(2012). 무연사회: 혼자 살다 혼자 죽는 사회(김범수 역). 서울: 용오름).

12) 코로나 팬데믹 이후, 디지털 대전환 시대 미래교육은 AI 등 공학기술의 접목과 활용을 가속화 할 것이다(참고: 정제영(2022). 디지털 대전환과 미래교육의 방향. 대한민국정책브리핑. 2022년 12월 8일. 출처: https://www.korea.kr/news/contributePolicyView.do?newsId=148909204): "디지털 대전환은 일반적으로 디지털 기술의 활용에 의해 비즈니스 모델 확산이 생산성 향상으로 이어지는 것을 의미한다. 초기에는 디지털 산업 분야 중심으로 전산화(아날로그→디지털 변환)에서 시작하여, 디지털화(디지털 기술 적용) 단계를 거쳐 코로나19 팬데믹 이후 디지털 우선 접근 방식으로 변화되었다. 특정 산업 분야에 국한된 변화가 아닌 전 인류의 일상적 삶을 모두 바꿀 수 있는 디지털 시대로의 전환은 필연적으로 이루어지고 있으며 속도와 파급 효과는 가히 혁명적이라고 할 수 있다. 특히 코로나19로 인해 전 세계적으로 디지털 기술을 활용한 삶의 변화를 초래하였고, '모든 영역의 디지털화(Digital Everywhere)' 현상이 가속화되었다… 'AI 보조교사 시스템'은 맞춤형 교육을 효과적으로 구현할 수 있는 효과적인 수단이라고 할 수 있다. AI 보조교사 시스템을 설계할 때 가장 중요한 것은 교사의 역할과 시스템의 활용이 조화를 이루어야 한다는 것이다. AI 보조교사 시스템은 빅데이터와 AI를 활용한 개인별 맞춤형 학습지원 시스템 및 AI 자동 채점 시스템을 구축하는 것이다. 데이터 중심의 학습 분석에 기반한 개인형 맞춤 학습의 실현을 통해 학습자 중심의 교육으로 전환이 이루어질 수 있다."

13) 이 글은 '김성길(2018). 인구절벽과 고령사회 위기에서 평생배움의 미래지향적 실천. 미래교육연구, 8(3), 45-62'을 근본으로 수정 보완한 글이다.

14) <더 글로리>는 2022년 넷플릭스에서 방영된 드라마로서, 고등학교 시절 끔찍한 괴롭힘에 시달렸던 여성이 많은 시간이 흐른 후 가해자들을 응징하기 위해 치밀한 복수를 감행한다는 내용의 드라마다.

15) 2022년 3월 통계청이 발표한 <2021년 초중고 사교육비조사 결과>에 따르면, 2021년 초중고 사교육비 총액은 약 23.4조원, 사교육 참여율은 75.5%, 주당 참여시간은 6.7시간으로 전년대비 각각 21.0%, 8.4%p, 1.5시간 증가한 것으로 나타났다. 2021년 사교육비 총액은 약 23조 4천억원으로 전년도 약 19조 4천억원에 비해 4조 1천억원

(21.0%) 증가했으며, 전년대비 전체 학생수는 감소하였고, 참여율과 주당 참여시간은 증가하였다(참고: 통계청(2022). 2021년 초중고사교육비조사 결과. 대전: 통계청).

16) 김정환은 페스탈로치를 교육학 4대 고전(古典) 저자 가운데 한 사람으로 선정하면서 그 의미를 이렇게 이야기하고 있다(참고: 김정환(2008). 페스탈로치의 생애와 사상(개정판). 서울: 박영사, 150쪽): "<겔트루우트의 자녀교육법>의 교육사적인 의의는 무엇일까? 교육학서 중에 가장 중요한 것을 들면 플라톤의 <공화국>, 루소의 <에밀>, 페스탈로치의 <겔트루우트의 자녀교육법>, 듀이의 <민주주의와 교육>이 될 것이며, 이 저작들은 각각 그 시대의 교육이념을 드러낸 획기적인 것이라 할 것이다. <공화국>은 귀족계급에게 철인교육을 실시함으로써 기울어져 가는 아테네를 구하려 한 국가사회주의의 이념의 표현이요, <에밀>은 사회 체제에 얽매이지 않는 전인적인 인간교육을 실시함으로써 인간이 선하고 순박한 생활을 즐기게 하려는 자연주의 이념의 표현이요, <겔트루우트의 자녀교육법>은 하층계급의 교육을 가정을 통한 조기교육으로 슬기롭게 이룩함으로써 일반 대중에의 교육을 보편화하려는 국민교육 이념의 표현이요, <민주주의와 교육>은 개인은 사회를 통하여 자아를 실현하고, 사회는 개인을 통하여 진보를 기한다는, 개인과 사회와의 상호의존적 지역사회교육의 이념의 표현이라 할 수 있겠다. 이 네 개의 기둥을 주축으로 하여 교육은 성립하고 있다. 그런데 이 중에서 역시 가장 중요한 것은 페스탈로치가 말한 민중교육의 이념일 것이다. 국가의 성원의 절대 다수를 차지하는 민중의 참된 교육이 없이는 플라톤이 의도한 국가의 재건, 루소의 자유교육, 듀이의 사회교육도 기하지 못하기 때문이다."

17) 참고: 김정환(2008). 페스탈로치의 생애와 사상(개정판). 서울: 박영사, 106쪽: "인간은 자연적 상태, 사회적 상태, 도덕적 상태로 발전하는데, 종교는 이 도덕적 상태에서 인간이 자기를 완성시키고자 등장하는 것이라 한다. 그에 의하면, 인간 발전의 첫 단계는 자연적 상태이다. 인간은 태초에 순박한 동물적인 상태에서 자기 본능과 감각적인 욕구를 채우면서 살았다. 루소에서와 같이 이 상태는 죄와 악이 없는 상태였다. 그들은 배가 고프면 악을 써도 배가 부르면 선의의 미소를 던지면서 산다. 그런데 여기에 결정적인 계기가 나타나 인간을 사회적 상태

로 몰아넣는다. 그는 이 계기를 다음과 같은 예를 들어 설명한다. 배가 고픈 자연인이 열매가 열린 나무를 찾아낸다. 그런데 바라보니 높아서 손에 닿지 않는다. 막대기를 찾아도 없고 돌을 던져도 맞지 않는다. 그런데 이 광경을 묵묵히 보고 있던 또 하나의 자연인이 옆에 있었다. 두 자연인의 눈이 부딪혀 불꽃을 튀긴다. "어깨를 빌려줄 터이니 열매를 따서 너하고 나하고 나누어 먹자"는 계약이 이 두 자연인 사이에 성립된다. 여기에 새로운 국면이 전개된다. 새로운 사회적 상태가 계약을 통해서 탄생이 되는 것이다. 이 사회적 상태는 인류가 감각적 욕구와 생리적 욕구를 서로 협력해서 채우기 위하여 계약으로 성립시킨 상태이므로, 그 본질로 보아서는 자연 상태의 양적 확대에 지나지 않는다 한다... 알몸과 알몸과의 계약으로 출발한 이 사회적 상태는 그 범위가 넓혀지면서 질적으로 변화를 일으켜 지배자와 피지배자, 부자와 가난한 자 등의 불평등을 야기 시키는 정치체계를 낳게 한다. 계약은 힘이 센 자에게 무시되기 때문이다. 자연적 상태가 손에서 입으로 욕구를 채우는 상태라면, 사회적 상태는 머리에서 입으로 욕구를 충족시키는 상태이다. 법률은 최대공약수적인 약속에서 나오며, 그러기에 사회적 정의의 표현이기도 한데, 실은 이 법률이 힘을 대표하는 지배자의 이익에 봉사하게 된다... 페스탈로치는 이 다음 단계를 도덕적 또는 종교적 단계라고 논한다. 인간은 본능과 감각의 욕구를 충분하게 채우면서도 무엇인가 채워지지 못한 갈망을 느낀다. 인간에는 '육肉이 있음과 동시에 육을 초월하려는 영靈이 있기 때문'이다. "나는 내 안에 동물적 욕구나, 사회적 관계와를 떠나서, 나의 안을 깨끗하게 하려는 힘이 있는 것을 느낀다. 이 힘은 절대 무엇에도 구애받지 않는 천부적인 것이다. 내가 인간으로서 존재함은 이 힘이 있기 때문이다. 이 힘은 선천적으로 나에게 내재하는 감정에서 생긴다. 이 힘으로서만 나는 완성을 향할 수 있다. 이 힘이 곧 도덕이다." 그가 생각하는 교육의 목표는 아이들의 필요와 욕구를 채워주는 것(자연상태)도 아니요, 아이들에게 협동의 정신(사회상태)를 길러주는데 머물러서도 안되는 것이며, 바로 인간을 도덕적, 영혼적으로 완성시키는 일이었다. 이 점이 그의 교육이념의 핵심이다."

18) 페스탈로치는 줄탁동시(啐啄同時), 즉 교육의 내적 외적 상호관련성과 공존(共存)의 의미에 대해 나무의 비유를 통해 설명하고 있다(참고:

김정환(2008). 페스탈로치의 생애와 사상(개정판). 서울: 박영사, 251쪽): "인간이 스스로의 소질에 의해 발전한다면, 외부로부터 도움으로서의 교육이란 필요 없는 게 아닌가? 이 물음에 대하여 페스탈로치는 다시 나무의 비유를 들어 다음과 같이 말한다. 어린 나무의 싹이 돌에 덮이거나 발육을 못하거나 수분이 모자라 말라 죽거나 씨가 늪 속에 떨어져 썩어버리거나 할 때에는 나무는 원래의 소질을 발휘치 못한다. 그러기에 나무를 가꾸는 정원사가 필요하듯이, 인간의 소질을 제대로 최선으로 계발시켜 주는 교육이 필요하다. 인간의 교육이란 성장 주체자의 의욕의 고취, 불리한 환경의 정비와 유리한 환경의 조성, 발달단계에 알맞은 적절한 교재의 제공(식물의 경우 비료에 해당) 및 생활 주체의 주위와의 협조 등을 통한 인간의 선천적인 소질의 조화적인 발전을 위한 의지적, 계획적, 연속적 조성작용인 것이다. 따라서 교육이란, 내부로부터의 주체자의 성장과 외부로부터의 타자의 교도라는 두 개의 대립적 계기의 변증법적인 지양 통일에서 성립하는 것이다."

19) 이 글은 '김성길(2011). 페스탈로치(Pestalozzi) 교육사상과 평생교육에의 함의. Andragogy Today, 14(1), 71-90'을 바탕으로 수정 보완한 글이다.

20) 이 글은 '김성길(2013). 열린 존재로서 청소년에 대한 인간학적 접근. 미래교육연구, 3(2), 77-88'을 바탕으로 수정 보완한 글이다.

21) "시간이 줄어드는 중에도 우리는 여전히 미래의 지평에서 성장해 나간다. 우리는 늘 인생학교의 나이든 학생으로 남을 수 있다. 스스로 배우려는 이 의지가 생생한 정신의 표시다. 새로운 앎은 무덤에 갈 때까지 계속되리라. 우리는 가르치는 즐거움과 배우는 즐거움을 다 누릴 수 있다(참고: 파스칼 브뤼크네르(2021). 아직 오지 않은 날들을 위하여: 세계적 지성이 전하는 나이듦의 새로운 태도(이세진 역). 서울: 인플루엔셜, 55쪽)."

22) 병마와 싸우며 죽음과 팔뚝씨름을 하고 있는 어느 노교수는 '사이(inter)의 신비'에 대해 이렇게 이야기하고 있다: "인터뷰가 뭔가? inter, 사이에서 보는 거야. 우리말로 대담이라고도 번역하는데, 대담은 대립이라는 뜻이야. 대결하는 거지. 그런데 말 그대로 서로 과시하고 떠보고 찌르면 거기서 무슨 진실한 말이 나오겠나. 위장술밖에 더 나오겠

어? 군인들이 전투할 때 왜 위복을 입겠어? 살기 위해서 감추고 색을 바꾸는 거지. 인터뷰는 그래선 안 되네. 인터뷰는 대담(對談)이 아니라 상담(相談)이야. 대립이 아니라 상생이지. 정확한 맥을 잡아 우물이 샘 솟게 하는 거지. 그게 나 혼자 할 수 없는 inter의 신비라네. 자네가 나의 마지막 시간과 공간으로 들어왔으니, 이어령과 김지수의 틈새에서 자네의 눈으로 보며 독창적으로 쓰게나(참고: 김지수(2021). 이어령의 마지막 수업. 파주: 열림원, 42쪽)."

23) 이 글은 '김성길(2011). 배움학론: 씨알사상과 救濟信愛 배움. 배움학연구, 3(3), 25-33'을 바탕으로 수정 보완한 글이다.

24) "일상이란 사전적으로 본능을 충족시키기 위한 구조화된 삶의 과정으로 풀이되지만 엄밀하게는 산업화에 따른 어쩔 수 없는 선택이었던 셈이다. 하루를 24시간으로 구분 지은 것은 이집트 시대로 올라간다. 그리고 중세 유럽에서 고리대금업을 위한 시계의 정밀화에 따라 24시간제는 거의 굳어졌고 현재는 인류 공통이 되었다. 그러나 돌이켜보면 농경 사회에서 24시간제는 큰 의미가 없다. 왜냐하면 낮과 밤의 구분만으로도 충분히 유지되는 것이 농경사회의 특징이다. 24시간제가 필요한 사회는 농경사회가 아니라 기계에 의해 끝없이 생산품이 쏟아져 나오는 산업사회로서 시간을 정해 놓지 않으면 도저히 쉴 수 없는 사람들이 궁여지책으로 만든 것이 바로 하루 8시간 노동제이다(참고: 김준식(2018). 일상성(Quotodiennete). 2018년 4월 25일자. https://brunch.co.kr/@brunchfzpe/412)."

25) 일상의 첫 번째 특징은 '반복성'이다. 일어나서 밥을 먹고, 사람과 만나고, 일하고, 쉬고, 잠을 자는 등 대부분의 삶은 반복되고 있다. 반복해왔기 때문에 그 일들을 쉽게 할 수 있다. 두 번째 특징은 '필연성'이다. 생명을 유지하기 위해서는 반드시 해야 하는 일이다. 즉, 먹어야 하고, 잠을 자야 한다. 필연적으로 그러하다. 세 번째 특징은 일상의 '유사성'이다. 질적인 차이는 있겠지만 대부분의 삶살이는 하루하루 비슷비슷하다. 네 번째 특징은 '평범성'이다. 하루하루 삶은 어느 정도의 질서 속에서 평범하게 진행된다. 마지막으로는 일상의 '일시성'이 있다. 어느 한 순간에 몰두하다가도 다시금 평범하고 비슷하며 필연적인 반복 속으로 돌아온다. "모든 것이 헛되다"는 전도서 1장 2절의 말씀처럼...(참고: 강영안(2018). 일상의 철학. (사)기독교윤리실천운동 소식

지 기사. 2018년 8월 6일자. https://cemk.org/magazine_article/9242/).

26) "마찬가지로 새로운 배움의 내러티브인 안드라고지(andragogy)는 그렇게 시작해야 하는 것 같다. 새로운 문명의 시작은 그렇게 시작되었다. 지식의 역사와 문명의 역사가 입증하고 있다. 기존의 지식에 대한 강력한 통제와 합의, 찬성의 대열로부터 새로운 가능성이 터져 나오는 것보다는 그 반대의 경우가 인류의 진화를 결정해 왔다. 불화와 차이의 대열로부터 새로움이 움트기 시작했다. 과학자들은 합의와 통제, 찬성으로부터 새로운 가능성을 찾아 나서는 일을 상동성(homology: 相同性)의 지식 발전이라고 한다. 그러나 학자들 스스로 지식 발전의 새로운 가능성이 이런 상동성으로부터 터져 나온다는 것에 대해 상당한 거리를 두고 있다. 왜냐하면 그들 스스로 새로운 가능성의 소리를 상동성과는 다른 논리로부터 늘 접하고 있기 때문이다. 그들 스스로도 그것을 그런 방식으로부터 찾아내고 있기 때문이다. 일상적인 논리를 벗어나가거나, 굳게 믿었던 권력과 기득권의 논리를 비켜 나가는 창조적 일탈자들의 살아 있는 배리성(paralogy: 背理性)과 새로움을 향한 솟구치는 예지일탈의 정당성으로부터 오히려 더 새로운 가능성이 도출된다(참고: 한준상(1999). 호모 에루디티오. 서울: 학지사, 12쪽)."

27) "르페브르가 말했던 '일상성'이란 단순히 하루의 반복, 혹은 하루라는 시간 안에 이루어지는 단순한 활동을 지칭하는 것은 아니었다. 그가 말하는 일상성은 사람들이 기본적으로 살아가는 방식을 통제하거나 간섭하는 고착화된 사고 유형이나 틀을 의미한다... (중략) 르페브르는 일상성을 인간의 생존문제로 해석하지 않았다. 그는 삶의 의미 문제로 일상성의 문제를 재해석했다. 현대에 들어서면서부터 옛 사람들을 규제하던 일상성으로서의 생체 리듬은 더 이상 작동할 수가 없었다. 이제 사람들은 생체 리듬에 따라 자고 일어나고 일하는 것이 아니라 기계 리듬에 따라 일하고 잔다. 그런 일이 하나의 일상적인 틀로 자리를 잡으면서 사람들은 공허감과 소외감, 그리고 무력감에 빠져 버렸다. 일상생활에 질적인 변형이 일어난 것이다. 일상성의 변형이 발생한 것이다. 일상성에 갇힌 인간에게는 삶의 의미가 없다는 것이다. 그때 그 일상성을 교정해주기 위해서는 일상성을 여유로움으로 바꾸어야 하는데, 그런 여백을 넓히는데 도움을 주는 배움의 프레임이 필요하다. 배우기 시작하면 일상성에 여백이 생기기 시작한다(참고: 한준상(2009).

生의 痂: 배움. 서울: 학지사, 639-640쪽)."

28) 배움 공식이 지속적으로 수정 보완되는 과정 속에서 배움 공식의 창시자인 한준상은 동양적인 정신 의식에 대한 깊이 있는 사고의 결여를 지적하고 있다: "삶에 대한 의미와 의의의 문제를 심각하게 고려할 수 없었던 것은 배움(erudition)이란 개념에 대한 동양적인 깊은 사고(思考)가 결여되어 있었기 때문이다. 그런 조건에서 나(한준상)는 서양의 교육심리학에서 가르쳐 준대로, 서양식의 학습(learning)이라는 개념으로 학습의 법칙을 구상했었기에, 당시 책의 제목마저도 그래서 <배움학>이라고 하지 못하고 그저 <학습학>이라고 정했었다. 학습심리학이 지배적이던 상황 속에서 당시 생각할 수 있었던 배움에 대한 최상의 공식은 $L=ms^2$이었다(L=learning, m=meaning, s=significance). 그러나 이제는 우리의 문화와 의식 깊숙하게 자리 잡고 있는 배움의 사상적 근원과 배움에 대한 문화인류학적인 뿌리를 알 수 있었기에, 학습이라는 개념 대신 배움이라는 개념을 학습에 선행시키며 배움의 공식을 수정, 보완할 수밖에 없었다(참고: 한준상(2014). 生의 癒: 평생교육의 철학. 서울: 학지사, 48-49쪽)."

29) 일반적으로 불교는 일상과 긴밀하게 연결되어 있다. 그래서 선불교를 '일상사의 종교'라고 부른다. 틱낫한 선사는 집안일을 수행의 하나로 삼으라고 다음과 같이 충고한다: "여러분은 설거지를 할 때 잠시 후 마실 차를 생각하거나, 얼른 앉아서 차를 마실 수 있도록 가능한 설거지를 빨리 끝내려고 할지 모른다. 그렇다면 그것은 여러분이 설거지를 하는 동안 그 시간을 살고 있지 않다는 의미이다. 설거지를 할 때는 설거지가 자기 삶에서 가장 중요한 일이어야 한다. 또한 차를 마실 때는 차 마시는 일이 세상에서 가장 중요한 일이어야 한다(참고: 프랑크 베르츠바흐(2016). 무엇이 삶을 예술로 만드는가(정지인 역). 서울: 불광출판사, 37쪽)."

30) "격(格)이란 비싸고 화려하고 잘난 것의 여유가 아니라 작고 소박하지만 저마다의 성숙함과 여유로움에서 되찾는 것이다. 인간이 동물과 다른 것은 자극에 대해 반응을 한 템포 늦출 수 있다는 점인데, 언젠가부터 동물보다 더 쉽고 빠르게 흥분하고 격해지는 존재가 되어 버렸다... 바야흐로 격의 시대를 예고하는 신호탄이 오른 것이다. '격'이란 바로 인간이기 때문이다. 미래를 준비한다는 것은 격을 갖춘다는

것이고, 격을 갖춘다는 것은 바로 '인간'으로 돌아가는 것이다. 잊고 있던 나를 찾고, 인정하고 자부하며 성숙되는 여유로운 삶을 찾자는 것이다... 거꾸로 말하자면, 격을 갖추지 않은 미래는 의미가 없다는 뜻이다(참고: 김진영(2016). 격의 시대. 서울: 영인미디어, 222-223쪽)."

31) 이 글은 '김성길(2022). 배움의 일상성 탐구: 개조의 일상, 일상의 개조. 미래교육연구, 12(1), 27-41'을 수정 보완한 글이다.

32) 사교육 종사자들의 이야기만을 가지고 글을 쓴다는 것이 너무 편향된 작업이라는 지적이 있을 수 있다. 하지만 또 다른 시각에서 보면 그 어느 곳에서도 이들의 이야기를 담아내는 연구는 거의 없는 실정이다. 사교육을 다르게 보는 동시에 공교육과 사교육 서로의 균형을 유지한다는 측면에서 이 글에서는 사교육 현장에서 직접 생활하고 부대끼고 느끼고 경험하고 있는 종사자들의 목소리를 경청해보는데 의미를 두었다.

33) 사교육 종사자의 살아있는 이야기는 '김성길(2009). 사교육에 잠재된 배움력 발굴. 창설(創設)과 융화(融和)를 위한 배움학의 확장(擴張), 95-128. 한국배움학회 2009년 가을학술대회 발표논문'의 내용을 일부 수정 보완한 것이다. 인터뷰 당시에는 외국어고 폐지 논쟁이 뜨거웠다. 즉, 외국어고를 특성화고로 전환하는 초중등교육법 개정안이 추진되면서 외고 논란이 불거졌다. 외국어고를 특성화고로 전환함으로써 외고입시에 소요되는 사교육 광풍을 잠재우겠다는 외고폐지론에 맞서, 해당 외고들은 영어듣기평가 폐지와 입학사정관제 도입 등의 외고보완론을 제안하였다. 외고입시 제도를 수정하면 외고의 사교육 유발 문제를 막을 수 있다는 주장이었지만 이런 외고폐지론이나 외고보완론에 대해 시민단체와 사교육 관계자, 외고졸업생들의 반응은 냉소적일 뿐이었다. 이와 마찬가지로, 최근에는 특수목적고(자사고, 외고, 국제고 등)의 일반고 전환 문제 등이 사교육과 연관되어 사회적 이슈가 되었다. 일정 시간이 지난 오래된 과거의 이야기로 치부할 수도 있지만 그 내용을 살펴보면 지나간 이야기라고만 하기에는 지금 현재에 부여하는 의미가 있기에 당시 인터뷰 내용을 활용하였음을 밝히며, 이 지면을 통해 인터뷰에 참여한 일곱 명의 사교육 전문가들에게 고마움을 전한다.

34) 한국산업교육학회(회장 한준상)는 2004년 12월 2일 한국프레스센터 기자회견장에서 제17차 학술대회를 개최했다. '교육산업과 한국교육의 발전과제'라는 주제로 열린 학술대회에서는 한국의 교육산업과 현황과 발전방향, 공교육산업과 사교육산업의 발전방향, 교육산업 경영환경 변화와 인적자원개발 방향 등을 주제로 전문가들의 발표와 토론이 이어졌다. 이번 학술대회는 특히 공교육산업과 사교육산업 간의 갈등과 긴장을 풀어내고 공존과 협력방안을 마련하기 위한 초석을 마련코자 국내교육을 교육산업이라는 거시적 관점에서 조망하였다. 한준상 한국산업교육학회장(연세대 교수)은 "지금까지 공교육과 사교육간의 긴장과 갈등은 우리 교육 전체의 경쟁력을 소진해 왔으며, 이런 갈등은 우리 교육산업의 새로운 성장과 발전에 걸림돌이 돼 왔다"며 "이제는 사교육산업과 공교육산업이 하나의 교육산업 서비스로서의 위상을 찾아 나서야 할 때"라고 말했다(참고: 한국대학신문(2004). 공교육과 사교육이 함께 나아갈 길 모색. 한국대학신문. 2004년 11월 29일자. 출처: http://news.unn.net/news/articleView.html?idxno=20930).

35) 이 글은 '김성길(2013). 사교육, 다르게 보기. 미래교육연구, 3(1), 27-43'을 바탕으로 수정 보완한 글이다.

36) 이 글은 '김성길(2011). 미래 학교교육의 비전과 방향. 미래교육연구, 1(1), 63-71'을 바탕으로 수정 보완한 글이다.

37) 이 글은 '김성길(2009). 배움의 삶, 그 끝없는 항해에서 만난 나침반 하나: <生의 痂: 배움(한준상 지음 / 학지사 / 943쪽)> 서평. 교수신문 2009년 10월 26일자'를 바탕으로 수정 보완한 글이다.

38) 일제의 사회교육, 즉, '샤카이교이쿠'의 망령은 중앙일보(2004년 1월 15일자)에 실린 "일제, 초등학생까지 정신대로 끌고갔다"라는 기사에서도 잘 확인할 수 있다: "지난 1992년 오늘(1월 15일)은 우리 국민에게 "일제의 만행의 끝은 어디였을까?"라는 의문을 품게 한 날이었다. 이날 신문은 일제가 초등학생까지 정신대로 동원했다는 사실을 보도하고 있다. 이러한 사실은 일제시대 한국에서 교사를 지낸 한 일본인 교사가 당시 그녀가 담임이었던 방산초등학교 6학년생 6명의 정신대 동원 기록이 남겨진 학적부를 찾아냄으로써 확인됐다. 학적부에는 당시 학생들이 정신대로 출발하기까지 설득과정, 동원경위, 출발날짜, 장

소까지가 일방적인 일본인들의 시각으로 기록돼 있어 태평양전쟁 말기 초등학생에까지 손을 뻗친 일제의 수탈상을 극명하게 보여주고 있다. 게다가 이들이 재학 중 정신대로 떠나버렸는데도 학적부에는 모두 정상적으로 졸업한 것으로 적혀있어 일본정부가 체계적으로 정신대 동원에 관여하고 있었음을 증명했다. 정신대에 동원된 아이들은 기록상으로 몇 가지 공통점을 갖고 있다. 우선 성적이 대체로 우수하고 성격이 성실 온순했다는 점, 신체가 건강하고 발육상태가 양호했으며 집안환경은 대체로 좋지 못했다는 점 등이다. 이들은 특히 수신(도덕), 창가, 체조, 봉제 등 과목에서는 대부분 10점 만점에 9점을 맞은 것으로 나타났다. 이날 첫 학적부 발견을 계기로 전국 초등학교에서 학적부 조사가 실시돼 서울의 11명뿐 아니라 광주·전남(23명), 부산(18명) 등 모두 88명이 정신대로 끌려간 사실이 확인돼, 전국적으로 반일감정이 고조되면서 각종 항일단체를 중심으로 시위와 규탄대회가 잇따랐다."

39) Stebbins(1992)에 따르면, 여가는 그 유형에 따라 가벼운 여가(casual leisure)와 진지한 여가(serious leisure)로 구분할 수 있다. 즉, 가벼운 여가는 낮잠을 자거나 단순히 TV를 시청하는 것과 같이 구체적인 지식과 기술의 습득과정 없이 이루어지는 활동을 의미한다. 이에 비해, 진지한 여가는 스포츠와 예술 활동, 시민운동에의 참여 등과 같이 신체적, 정신적 몰입과 높은 수준의 성취동기, 그리고 많은 노력을 기울여야 하는 학습활동을 의미한다.

40) 일반적으로 텍스트(text)는 '원본의 내용', '문자 그대로의 의미'를 뜻한다. 즉, 읽는 그대로 바로 이해할 수 있는 의미를 텍스트(text)라고 한다. 반면에, 컨텍스트(context)는 '문맥상의 의미'를 말한다. 그 속에 혹은 내용의 전후 정황에 따라 숨겨진 뜻을 가지고 있기에, 내용의 전개 상 다른 의미를 담고 있을 수 있다. 따라서 텍스트(text)를 정확히 이해하기 위해서는 전후의 컨텍스트(context)를 잘 이해하고 있어야 한다. 즉, 텍스트(text)의 이해는 그것을 감싸고 있는 컨텍스트(context)의 이해를 배제해서는 안 된다. 지금의 텍스트(text)는 당시 컨텍스트(context)의 산물이며, 그러한 텍스트(text)를 오늘의 컨텍스트(context)에 비추어서 해석하고 이해할 필요가 있는 것이다(참고: 리차드 팔머(1990). 해석학이란 무엇인가(역). 서울: 문예출판사).

41) 이 글은 '김성길(2004). UNESCO와 OECD의 평생교육전략 비교를 통한 우리나라 평생여가교육의 가능성. 연세교육연구, 17(1), 55-71'을 바탕으로 수정 보완한 글이다.

42) 힐링을 하려면 먼저 상처가 있어야 한다. 몸과 마음에 있는 상체기를 치료하고 치유하는 것이 힐링이다. 힐링에 대한 관심이 늘어나는 것은 모든 인간들에게 상처가 있기 때문이기도 하다(참고: 한준상(2009). 生의 痂: 배움. 서울: 학지사). 태어남 그 자체가 하나의 상처이기에 이를 극복하고 치유하며 회복해 나가는 삶의 과정이 생명(生命)의 삶이고 평생(平生)에 걸친 배움의 과정인 것이다(참고: 김성길(2012). 죽음의 배움학 序說. 배움학연구, 4(1), 1-21).

43) 다비드 르 브르통은 자동차 바퀴와 인간의 발을 공격성과 여유의 관점에서 비교하고 있다(참고: 다비드 르 브르통(2002). 걷기 예찬(김화영 역). 서울: 현대문학, 119-120쪽): "자동차의 타이어는 마음가짐 같은 것은 아랑곳하지 않고 길에서 마주치는 것은 무엇이나 다 납작하게 깔아뭉개버리는 공격성을 발휘한다. 그러나 땅을 밟는 발에는 그런 공격성이 없다. 동물이 남기는 흔적은 거의 감지할 수 없을 정도로 미미하다. 걷는 사람들의 길은 살아 있다. 그 길은 언제나 여유를 가지고 우리를 어디엔 가로 인도한다."

44) 김종길은 예술가의 자발적 도보행위를 '걷기의 미학'이라는 관점에서 해석하고 있다(참고: 김종길(2012). 걷기 여행 혹은 유목적 표류: 노마딕 레지던스의 노마드 리포트에 관한 편견. 황해문화, 2012 여름호, 376-385): "예술가의 걷기는 조지프 아마토의 역사적 걷기와 다비드 르 브르통의 명상적 걷기에서 크게 벗어나지는 않겠지만, 음악과 미술, 문학으로 탄생하는 '걷기의 미학'과는 분명히 어떤 차이를 갖지 않을까? 음악이 청각 이미지라면 미술은 시각 이미지이고 문학은 문자 이미지이다... 걷기가 인간의 모든 감각기관을 작동시키는 '느낌의 체계'라 할 때, 예술은 그런 느낌의 체계가 미학적 언어로 번역된 이미지들이다. 예술가의 걷기는 대부분 자발성에서 비롯된다. 자발적 걷기야말로 예술의 자율성이 수행성으로 전환되는 '자기의지'의 적극적 표현이다. 자발(自發: self-activity)은 예술가에게 가장 큰 덕목이면서 동시에 창조행위 그 자체일지 모른다. '자발'을 풀면 '스스로 떠나보내다'인데, '스스로'와 '떠나다', '보내다'의 이면에는 이미 걷기가 자동태로

생성되고 있다. 예술가의 걷기는 오직 스스로의 의지에 의해서만 시작될 수 있다."

45) 문화체육관광부는 아름다운 자연과 문화 역사자원을 특성 있는 이야기로 엮어 국내외 탐방객이 느끼고 배우고 체험할 수 있는 걷기중심의 길인 '이야기가 있는 문화생태탐방로' 조성하여 운영하고 있다(참고: 문화체육관광부 홈페이지 www.mcst.go.kr). 특히, '2019 이야기가 있는 문화생태탐방로 운영 시범사업' 참가 사업자 모집 통해서 지역의 우수한 걷기여행길을 발굴하고 걷기여행 소재 콘텐츠의 다양화 및 활성화를 시도하였다.

46) 참고: 강순영(2004). 빠르게 걷기 운동 프로그램이 비만여성의 체질량지수, 체지방율 및 기분 상태의 변화 효과. 연세대학교 대학원 석사학위논문; 강정석(2007). 규칙적인 걷기 운동이 한국 노인의 신체 기능 향상에 미치는 영향. 연세대학교 대학원 석사학위논문; 김창희(2008). 규칙적인 걷기운동이 과체중 및 비만노인의 혈중지질 및 염증지표에 미치는 영향. 연세대학교 대학원 석사학위논문; 임희정(2008). 유형별 걷기운동이 노인의 심혈관질환 위험요인과 체력수준에 미치는 영향. 연세대학교 대학원 석사학위논문; 조형석(2008). 걷기운동이 공복혈당장애 및 제 2형 당뇨 노인의 혈중 당대사 지표와 지질대사 지표에 미치는 영향. 연세대학교 교육대학원 석사학위논문; 이호성·권정현·황지현(2012). 고령자의 걷기운동의 변화와 특징 및 신체운동기능. 한국체육과학회지, 21(2), 1119-1130; 전상완·이우승(2012). 걷기운동 참여 노인들의 인지된 자유감과 심리적 웰빙, 심리적 행복감 간의 관계에서 자아실현의 조절효과. 한국체육과학회지, 21(2), 305-322.

47) 참고: 이현군(2009). 옛 지도를 들고 서울을 걷다: 역사지리학자의 서울 걷기여행 특강. 서울: 청어람미디어; 김소은, 심연숙(2011). 서울시 도보관광 활성화에 관한 연구. 관광레저연구, 23(7), 43-60; 김진희, 유승현, 심소령(2011). 건강증진을 위한 걷기의 의미와 영향 요인: 도시 걷기 실천자들의 경험. 보건교육건강증진학회지, 28(4), 63-77; 박영아, 현용호(2012). 도보여행 동기 척도 개발 및 타당성 검증에 관한 연구: 제주도 올레길을 중심으로. 관광학연구, 36(9), 27-50; 서정렬(2013). "도시걷기"의 인문학적 접근과 도시공간의 경쟁력 강화 방안. 동향과 전망, 89, 259-290. 한국사회과학연구소.

48) 세실 가테프는 도보가 스포츠의 차원을 넘어 새로운 삶의 방식으로 변모하고 있음을 지적하고 있다(참고: 세실 가테프(2006). 걷기의 기적 (김문영 역). 서울: 도서출판 기파랑, 27쪽): "스포츠 인구가 늘어나는 것만 보아도 자연으로 돌아가려는 욕구가 얼마나 절실한지 알 수 있다. 그러나 사람들이 이런 스포츠를 하는 까닭은 그 종목의 전문가가 되거나 남과 경쟁하기 위해서가 아니라, 더 높은 삶의 질과 건강에 대한 관심이 늘어났기 때문이다. 물론 운동을 통해 얻는 즐거움도 빼놓을 수 없다… 이런 목적에 가장 적합한 운동은 역시 걷기일 것이다. 걷기는 이제 운동의 개념을 넘어, 하나의 독특한 삶의 방식이 되고 있다."

49) 하우석은 '걷는 인간'의 장점을 다음과 같이 정리하고 있다(참고: 하우석(2004). 걷는 인간, 죽어도 안 걷는 인간. 서울: 거름, 58-59쪽): "이동수단으로서 걷기가 뛰어난 점은 한두 가지가 아니다. 우선, 아무런 장비가 필요 없다. 둘째, 비용이 안 든다. 셋째, 정교한 조정이 가능하다. 즉, 생각하고 마음먹은 대로 얼마든지 방향을 전환할 수 있으며, 즉각적으로 속도를 조절할 수도 있다. 넷째, 매우 다양한 조건의 길들을 통과할 수 있다. 예를 들면, 자갈밭, 모래밭, 숲길, 계단 등을 무리 없이 지나갈 수 있다. 이밖에 특정연료를 필요로 하지 않고, 잘만 관리하면 유지비가 들지 않으며, 건강에 지대한 공헌을 한다는 점 등 걷기만이 갖고 있는 장점들은 아주 많다."

50) 샤를 단치는 도보와 독서를 자발적 행위와 자연스러운 행위라는 측면에서 서로 비교하고 있다. 즉, 도보가 자발적이면서 동시에 자연스러운 행위인데 비해, 독서는 자발적이기는 하지만 자연스럽지는 않은 후천적 습득 행위로 구분하고 있다(참고: 샤를 단치(2013). 왜 책을 읽는가: 세상에서 가장 이기적인 독서를 위하여(임명주 역). 서울: 이루, 11쪽): "왜 책을 읽는가? 내게 독서란 걷는 일과 같다. 심지어 나는 걸으면서 책을 읽기도 했다… 걷거나 읽는 일은 자발적인 행위다. 자발적이라는 이유로 성찰을 마다할 필요는 없을 것이다. 독서는 '자발적인' 행위이다. 사실 처음에는 '자연스러운' 행위라고 말하려 했다. 그러나 독서는 걷는 것처럼 자연스러운 행위는 아니다. 왜냐하면 독서는 후천적인 노력을 통해서 습득되는 행위이기 때문이다."

51) 김산환은 걷기여행이 도보를 중심으로 하지만 도보 자체만을 목적으

로 하는 것은 아님을 지적하고 있다(참고: 김산환(2009). 걷는 것이 쉬는 것이다. 서울: 실천문학사, 4-5쪽): "걷기여행은 걷는 것이 중심이 되는 여행이다... 걷기여행은 걷는 것이 목적이 아니다. 걸으며 몸과 마음에 휴식을 주는 게 목적이다. 자연을 느끼고 배우는 것이다. 무작정 앞만 보고 걷는 것은 바보 같은 짓이다. 몸이 아닌 마음이 원할 때 쉬는 버릇을 들이자. 길가의 꽃 하나도 눈여겨보며 계절의 변화를 느껴보자. 그 길에 얽힌 이야기를 함께 나누는 것만으로도 걷는 재미가 새록새록 붙는다."

52) 길을 벗 삼고 스승 삼아 살아온 어느 시인의 고백은 도보를 통한 만남과 소통의 의미를 되새겨보도록 요구한다(참고: 김산환(2009). 걷는 것이 쉬는 것이다. 서울: 실천문학사, 에필로그): "가지 않는 길은 지워지기 마련이다. 이 땅에는 무수히 많은 길들이 있었다. 고을과 고을을 잇는 큰길은 물론, 밭을 매러 가거나 산에 나무를 하러 다니던 길. 수십 년 전만 해도 이 땅의 산과 골짜기에는 죄다 반듯한 오솔길이 있어 서로 거미줄처럼 연결됐다. 그러나 사람들이 가지 않으면서, 그 길을 따라 거닐던 사람들이 하나둘씩 떠나면서 길은 하나둘씩 지워졌다. 이제는 칡덩굴이 뒤엉켜 영영 거닐 수 없게 되어버렸다. 길이 사라진다는 것은 그 길에 스민 숱한 이야기와 삶의 애환도 함께 지워진다는 것을 의미한다. 길은 찾는 사람들이 더 많아지기를 소망한다. 길에서 사람을 만나고, 이야기를 만나고, 자연을 만나는 사람들이 많아졌으면 한다. 그 길은 산이나 고개를 넘는 길에서 머무는 게 아니다. 길은 사람과 사람을, 세상과 세상을 이어주는 소통의 튼실한 동맥이다."

53) 도보관광, 등산, 트레킹은 발을 활용하여 걷는다는 공통점이 있지만 각각의 세세한 차별점도 가지고 있다(참고: 김소은, 심연숙(2011). 서울시 도보관광 활성화에 관한 연구. 관광레저연구, 23(7), 43-60): "도보관광은 길을 따라 자연적 혹은 문화적 자원을 체험하고 감상하며 걷는 형태의 관광이다. 즉, 걷는다는 측면에서는 등산의 개념과 비슷하지만 등산이 수직적인 형태로 걷기를 진행하는 반면, 도보관광은 수평적인 이동을 추구한다는 점에서 다르다고 볼 수 있다. 또한 트레킹과 도보관광을 동일시 하지만 트레킹이 오지를 탐방한다는 의미를 가지고 있는 반면, 도보관광은 오지와 도시화된 공간 모두를 탐방한다는 점에서 차이가 난다. 따라서 도보관광은 등산, 트레킹과 걷는다는 동

일한 속성을 공유하지만 다른 의미의 형태를 가진다고 할 수 있다. 대부분의 선진국에서는 국가적 차원에서 도보중심의 다양한 길 조성에 힘쓰고 있으며 건강과 웰빙, 자연생태, 트레킹, 성찰과 일상탈출, 저비용, 문화체험의 감상과 학습을 위한 여행이라 할 수 있다."

54) 독서와 배움에 대해 정민 교수는 다음과 같이 이야기하고 있다(참고: 정민(2013). 오직 독서뿐. 서울: 김영사, 321-322쪽): "배움은 진실로 책을 읽지 않고는 안 된다. 하지만 독서란 배움의 한 가지 일일 뿐이다. 배움은 독서에만 그치지 않는다. 나는 이렇게 말한 적이 있다. '배우는 자가 도를 구하는 것에는 세 가지가 있다. 엄한 스승과 좋은 벗을 따라 날마다 그 가르침을 듣는 것이 첫 번째다. 옛사람의 책을 읽는 것은 두 번째다. 길을 떠나 유람하면서 견문을 넓히는 것이 세 번째다... 옛날부터 문 닫아걸고 혼자 앉아 있었던 성인은 없었다.' 책만 읽으면 공부가 끝난다고 생각하는 것이 문제다. 책은 문자로 된 것만 책이 아니다. 세상 천지만물이 다 책이요, 스승과 벗이 모두 책이다."

55) "옛 서울은 지금과 다른 도시입니다. 그럼 현재의 서울에서 옛 모습을 보려면 어떻게 해야 할까요? 바로 상상하며 걷기를 하는 것이죠"라는 이야기처럼 자유로움과 여유로움 속에서 새로운 창조와 발상의 전환이 가능하다(참고: 이현군(2009). 옛 지도를 들고 서울을 걷다: 역사지리학자의 서울 걷기여행 특강. 서울: 청어람미디어, 23쪽).

56) 여기서 '늘 달리 새롭게'라는 말은 "완전하기 위해 결핍을 채워가는 그런 실현과 치유가 아니다. 여기서 말하는 실현과 치유는 보다 완전히, 더 많이, 또는 더 크게 확대해 가는 치유와 실현이 아니라, 여전히 부족함 속에서 그러나 새로운 상황에서 가장 최선을 구하는 가운데 새로운 나를 만들며 나오는 온전을 향한 실현운동이자 치유이다. 늘 달리 변하는 상황에서 나 또한 그때그때 늘 달리 이해하며 적용하며 해석하는 가운데 나를 다르게 만들며 나오는 그런 치유와 실현"이다 (참고: 박남희(2010). 자기실현과 자기치유로서의 철학: 삶의 예술화와 예술적 삶을 위하여. 한국철학상담치료학회 2010년 춘계학술대회 발표자료, 22쪽).

57) 이 글은 '김성길(2014). 도보(徒步)에 관한 배움학적 함의. Andragogy Today, 17(1), 1-21'을 바탕으로 수정 보완한 글이다.